U0711219

社区矫正系列教材

社区矫正
文书制作

SHEQUJIAOZHENG
WENSHU ZHIZUO

主　编◎李明宝

副主编◎王　敬　焦晓强

撰稿人◎（以撰写项目先后为序）

李明宝　田作京　王　敬

杨璐娜　陈　冲　焦晓强

中国政法大学出版社

2023·北京

声　　明　　1. 版权所有，侵权必究。

2. 如有缺页、倒装问题，由出版社负责退换。

图书在版编目（ＣＩＰ）数据

社区矫正文书制作/李明宝主编.—北京：中国政法大学出版社，2023.7
ISBN 978-7-5764-0993-2

Ⅰ.①社…　Ⅱ.①李…　Ⅲ.①社区－监督改造－法律－文书－中国－高等职业教育－教材　Ⅳ.①D926.13

中国版本图书馆CIP数据核字(2023)第128758号

出　版　者　　中国政法大学出版社

地　　　址　　北京市海淀区西土城路 25 号

邮　　　箱　　fadapress@163.com

网　　　址　　http://www.cuplpress.com (网络实名：中国政法大学出版社)

电　　　话　　010-58908435(第一编辑部) 58908334(邮购部)

承　　　印　　保定市中画美凯印刷有限公司

开　　　本　　720mm×960mm　1/16

印　　　张　　15.75

字　　　数　　249 千字

版　　　次　　2023 年 7 月第 1 版

印　　　次　　2023 年 7 月第 1 次印刷

印　　　数　　1~4000 册

定　　　价　　52.00 元

出版说明

　　进入新时代以来，我国社区矫正工作取得了举世瞩目的成绩，到2019年底，全国累计接收社区矫正对象478万人，解除411万人，每年列管120多万人，每年新接收50余万人，在册70多万人，重新犯罪率一直保持在0.2%的较低水平。社区矫正工作不仅取得了良好的法律效果和社会效果——为维护社会和谐稳定，推进平安中国、法治中国建设，促进司法文明进步发挥了重要作用，而且走上了科学立法、严格执法、公正司法的轨道。2019年12月28日第十三届全国人民代表大会常务委员会第十五次会议通过了《中华人民共和国社区矫正法》（以下简称《社区矫正法》），国家主席习近平签署第四十号主席令公布，《社区矫正法》正式出台，自2020年7月1日起施行。

　　《社区矫正法》是我国第一部全面规范社区矫正工作的法律，标志着社区矫正工作进入了新的发展阶段。在完善中国特色社会主义刑事执行制度，推进国家治理体系和治理能力现代化方面发挥着重要作用。

　　《社区矫正法》的出台，充分体现了罪犯矫正综合治理的方针，在中国乃至全人类刑事执行法治史上具有里程碑式，甚至是划时代的意义。《社区矫正法》开启了我国社区矫正工作法治化的新时代，进一步确立了社区矫正制度的法律地位和基本框架，对于推动社区矫正工作的法治化、制度化、规范化具有十分重要的意义。

　　然而，"徒法不足以自行"，必须把《社区矫正法》贯彻、落实到司法行政工作实践中，才能充分发挥其法律保障的作用，才能促进社会治理工作迈上新的台阶。

　　为更好地贯彻、落实《社区矫正法》的实施，使社区矫正工作尽快走向专业化、职业化的发展道路，必须培养具有专业知识的人才。为此，河北司法警官职业学院联合河北省司法厅社区矫正管理局、河北省法学会社区矫正研究会、中央司法警官学院、湖南司法警官职业学院、安徽警官职业学院、新疆政法学院、河北省邯郸市司法局、河北省邯郸市磁县司法局、河北省邯郸市复兴区司法局、河北省邯郸市复兴区人民检察院、河北省邯郸市邯山区司法局、河北省沧州市东光县司法局、河北省沧州市沧县司法局、河北省保定市涞源县司法局等单位的专家、学者和实务工作者，共同编写了社区矫正系列教材：《社区矫正基础理论》《社区矫正监管执法实务》《社区矫正对象教育矫正》《社区矫正对象心理矫治》《社区矫正文书制作》《社区矫正信息化技术应用与维护》。该系列教材也是社区矫正专业的核心课程教材。

该系列教材以习近平新时代中国特色社会主义思想和习近平法治思想为指导，贯彻落实二十大报告精神，始终以"立德树人"为根本任务，对接社区矫正专业教学标准和《社区矫正法》《中华人民共和国社区矫正法实施办法》，采取校行（企）双元合作开发的模式，在撰写之前进行了大量的调研、论证工作，注重教材的实用性、可操作性，并为我国社区矫正工作培养高素质复合型法律人才而服务。

该系列教材既可作为学历教育的教材使用，又可作为基层社区矫正工作人员培训的教材使用，还可作为自学辅导用书。

该系列教材在编写过程中得到了实务部门和中国政法大学出版社的大力支持和帮助，对于他们提出的宝贵的意见和建议，在此诚挚地表示感谢！

在教材编写过程中，由于时间仓促和编者水平有限，难免出现各种疏漏和不足，敬请各位同仁批评指正。

系列教材总主编：吴贵玉、李明宝

系列教材执行总主编：吴艳华

编审委员会成员：

吴贵玉（河北司法警官职业学院党委副书记、院长；河北省法学会社区矫正研究会会长）

王淑光（河北省司法厅社区矫正管理局局长）

李明宝（河北司法警官职业学院党委委员、教务处处长、教授）

次江华、李曼（河北省司法厅社区矫正管理局副局长）

吴艳华（河北司法警官职业学院科研处副处长、二级教授）

张凯（中央司法警官学院矫正教育系副主任、副教授、博士）

王敬（河北司法警官职业学院刑事执行系综合实训教研室主任、副教授）

焦晓强（河北司法警官职业学院教务处教务秘书、讲师）

刘倍贝（河北司法警官职业学院科研处学会管理科科长、讲师）

刘燕（河北司法警官职业学院刑事执行系刑事执行教研室主任、讲师）

董媛（河北司法警官职业学院刑事执行系社区矫正教研室副主任、讲师）

张淼（河北司法警官职业学院刑事执行系讲师）

编　者

2023 年 5 月 30 日

　　社区矫正工作是贯彻落实"全面依法治国，推进法治中国建设"的重要内容，是创新社会管理模式，维护社会和谐稳定的重要举措。"我们要坚持走中国特色社会主义法治道路，建设中国特色社会主义法治体系、建设社会主义法治国家，围绕保障和促进社会公平正义、坚持依法治国、依法执政、依法行政共同推进，坚持法治国家、法治政府、法治社会一体建设，全面推进科学立法、严格执法、公正司法、全民守法。"全面推进社区矫正各方面工作法治化，构建具有中国特色的社区矫正工作场景，为实现中国式现代化贡献力量。

　　《中华人民共和国社区矫正法》自 2020 年 7 月 1 日起正式施行，这是我国首次就社区矫正工作进行专门立法，为我国社区矫正工作开展提供了法律保障，体现了我国司法理念和司法制度的进步，对推进和规范社区矫正工作、促进社区矫正制度的发展具有重大意义。社区矫正文书是社区矫正工作的重要载体，是确保社区矫正执法活动顺利开展的重要保障，也是社区矫正执法规范化、专业化、制度化的重要体现。2020 年司法部社区矫正管理局下发了《社区矫正执法文书格式（试行）》统一制定了 20 类社区矫正执法文书的格式。全国各地根据要求和工作实际，纷纷制定了本地区的社区矫正执法文书规范，以满足社区矫正执法工作的需要。

　　《社区矫正文书制作》是河北司法警官职业学院依托河北省高等职业教育创新发展行动计划——社区矫正专业教学资源库项目，与一线行业、多所全国司法警官职业院校合作开发的系列教材之一。《社区矫正文书制作》是高职高专社区矫正专业的核心课程，教材编写组在遵循高职高专的教育规律和理念基础上，根据社区矫正专业人才培养方案以及课程标准，深入行业一线调研，紧密联系社区矫正工作实践，基于社区矫正工作岗位实际需求对教材进行开发设计。本教材以习近平新时代中国特色社会主义思想为指导，全面贯彻党的十九大、二十大精神，把"立德树人"和职业技能培养作为编写的核心内容。教材内容的选取和体例模式遵循职业性原则，突出课程内容与专业标准对接，增强了教材的职业性、实践性和开放性。本书既可作为学历教育的教材使用，又可作为基层社区矫正工作人员培训教材使用，还可作为自学辅导用书。通过学习，旨在培养读者的法律思维能力、搜集、分析、整合材料的能力、规范严谨的法律表达能力和执法文书制作能力。本教材具有以下特点：

一、时效性和权威性。教材遵循《中华人民共和国社区矫正法》、"两高两部"《中华人民共和国社区矫正法实施办法》的规定，以司法部社区矫正管理局 2020 年 6 月印发执行的《社区矫正法执法文书格式（试行）》为样本，注重文书制作的法治化、制度化、规范化、职业化的要求。

二、实用性和全面性。教材立足社区矫正机构执法工作需要，紧密结合执法工作环节，以司法部颁布的 20 种法定的社区矫正执法文书为基础，按照社区矫正工作流程选取了所有相关的文书种类，较为全面地体现了当前社区矫正工作所使用的执法文书。

三、项目化和模块化。教材基于社区矫正典型工作任务设计了"调查评估、交付接收、监督管理、奖励惩罚、教育帮扶、解除矫正"六大学习项目，贴合实践的需求，更便于读者系统学习和掌握社区矫正文书的制作和使用；在体例设计上，注重模块化组织，设置了导入案例、文书格式、制作要求、实例撰写、课堂活动、技能训练、拓展阅读等模块，体例清晰、简洁精炼、易于掌握。

四、合作开发性。本教材是校行合作开发的教材，在编写之前深入行业一线进行了大量调研，开展了专家、学者与实务工作者的多次论证；既将司法实践中可推广、可复制的制度、经验、做法全部吸收进来，供学习者借鉴、学习，又在实践经验的基础上进行了总结、提炼、升华，将实践经验理论化。共同编写教材的有河北、湖南、安徽等司法警官职业学院的专家、学者，主要合作单位有河北省司法厅社区矫正管理局、河北省法学会社区矫正研究会、河北省邯郸市司法局、邯郸市磁县司法局、沧州市东光县司法局、邯郸市邯山区司法局、邯郸市丛台区司法局等。

　　总之，本教材无论是从体例上还是内容上，都充分体现了更贴近基层社区矫正职业岗位的需要和更有利于培养学生的职业能力。该教材在编写过程中，因时间仓促和编者水平所限，本教材存在疏漏乃至错误之处在所难免，敬请全体同仁批评指正。

本教材编写分工（以撰写项目先后为序）

李明宝（河北司法警官职业学院教授）：项目一、项目六

田作京（河北司法警官职业学院讲师）：项目二

王　敬（河北司法警官职业学院副教授）：项目三、项目四、项目五

杨璐娜（安徽警官职业学院副教授）：项目四

陈　冲（湖南司法警官职业学院讲师）：项目五

焦晓强（河北司法警官职业学院讲师）：项目六

参与本教材编写的实务专家

河北省法学会社区矫正研究会会长：吴贵玉

河北省司法厅社区矫正管理局副局长：次江华

邯郸市司法局社区矫正科：李丽

邯郸市邯山区司法局社区矫正科：李妙甜

邯郸市磁县司法局社区矫正科：贾强

沧州市东光县司法局社区矫正科：刘帅

编　者

2022 年 10 月 27 日

目　录

社区矫正调查评估文书制作

知识目标：掌握调查评估文书制作的相关知识；

能力目标：具备制作调查评估笔录、调查评估意见书的能力；

素质目标：具备认真负责、耐心细致的良好职业道德和以人为本、遵规守纪、清正廉洁的职业精神。

知识树

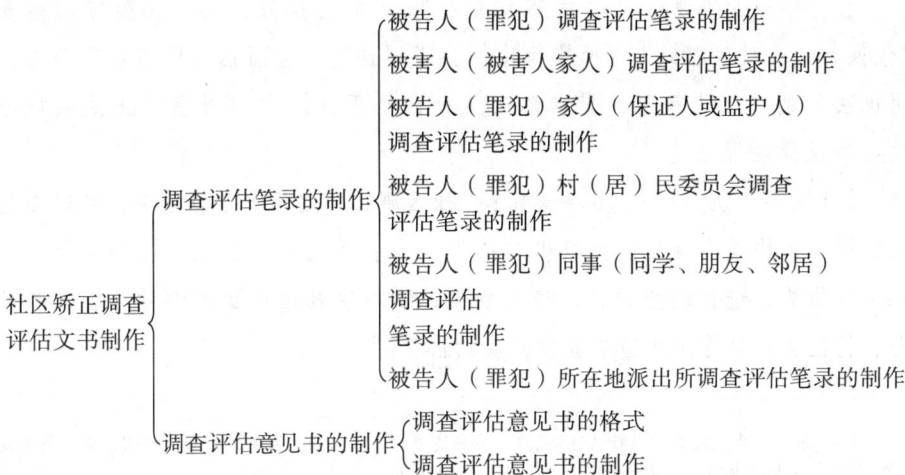

案例 1-1

被告人董某，男，1988 年 2 月 5 日出生，汉族，小学文化，因涉嫌伪造部队证件罪被起诉。根据其犯罪事实、犯罪经历和认罪态度，H 省 H 市 F 区人民法院拟对其适用非监禁刑，并委托董某居住地社区矫正机构开展社会调查评估。

董某居住地社区矫正机构接到 H 省 H 市 F 区人民法院的委托调查评估函以后，立即对董某的基本情况、家庭和社会关系、犯罪行为的后果和影响、被害人的意见、人身危险性、对所居住社区的影响、拟禁止的事项等方面进行了调查评估，完成了调查评估笔录，撰写了调查评估意见，并在规定的时间内提交给了 H 省 H 市 F 区人民法院，以作为判决或裁定时的参考依据。

党的二十大报告指出，要"坚持全面依法治国，推进法治中国建设。全面依法治国是国家治理的一场深刻革命，关系党执政兴国，关系人民幸福安康，关系党和国家长治久安。必须更好发挥法治固根本、稳预期、利长远的保障作用，在法治轨道上全面建设社会主义现代化国家。""我们要坚持走中国特色社会主义法治道路，建设中国特色社会主义法治体系、建设社会主义法治国家，围绕保障和促进社会公平正义、坚持依法治国、依法执政、依法行政共同推进，坚持法治国家、法治政府、法治社会一体建设，全面推进科学立法、严格执法、公正司法、全民守法，全民推进国家各方面工作法治化。"

社区矫正调查评估文书的制作是一项严肃的执法活动，必须贯彻落实"依法执政、依法行政""严格执法、公正司法""全面推进严格规范公正文明执法"的二十大精神，贯彻落实《社区矫正法》和《社区矫正法实施办法》的法律法规规定。

《社区矫正法》[1] 第 18 条规定："社区矫正决定机关根据需要，可以委托社区矫正机构或者有关社会组织对被告人或者罪犯的社会危险性和对所居住社区的影响，进行调查评估，提出意见，供决定社区矫正时参考。居民委员会、村民委员会等组织应当提供必要的协助。"

---

[1] 即《中华人民共和国社区矫正法》。为表述方便，本书正文及案例中涉及我国法律，需要使用简称时，省去"中华人民共和国"字样，后文不再赘述。

根据《社区矫正法》第 17 条第 4 款的规定，社区矫正决定机关是指依法判处管制、宣告缓刑、裁定假释、决定暂予监外执行的人民法院和依法批准暂予监外执行的监狱管理机关、公安机关。

根据《社区矫正法实施办法》的相关规定：人民法院拟判处管制、宣告缓刑、决定暂予监外执行的，可以委托社区矫正机构或者有关社会组织对被告人或者罪犯的社会危险性和对所居住社区的影响，进行调查评估，提出意见，供决定社区矫正时参考；公安机关对看守所留所服刑罪犯拟暂予监外执行的，可以委托开展调查评估；监狱管理机关对监狱关押的罪犯拟提请假释的，应当委托进行调查评估；对监狱关押罪犯拟暂予监外执行的，可以委托进行调查评估。

开展社区矫正调查评估的主要目的就是通过调查，全面分析被告人或罪犯的人身危险性，使对被告人或罪犯是否适用社区矫正的评判能够建立在和其有关的、体现其再犯可能性的所有因素的综合评价上，以降低社区矫正的适用风险，为预防犯罪和矫正罪犯提供科学依据。拟适用社区矫正调查评估工作是一项政策性、法律性非常强的工作，某种程度上可以说是人民法院、公安机关、监狱管理机关职能的延伸，是国家行使刑罚权的具体表现形式。拟适用社区矫正调查评估有助于提高非监禁刑适用质量，进而把好社区矫正入口关，提高社区矫正质量，因此调查评估工作是连接非监禁刑适用和社区矫正的重要桥梁。[1]

社区矫正调查评估主要是通过制作调查评估笔录，收集被告人（或者罪犯）的本人情况、家庭和社会关系、一贯表现、村（居）民委员会的意见、被害方的意见、邻居（同事、同学、朋友等）的意见、派出所的意见等资料，进行分析，并形成调查评估意见书，提交给委托机关，以作为拟适用社区矫正的参考依据的一种活动。

任务 1　调查评估笔录的制作

制作并完成调查评估笔录是调查评估工作的第一个环节，也是为制作调查评估意见书收集资料的一个过程。调查评估笔录根据所调查人员的不同，

---

〔1〕 李召亮："社区矫正社会调查适用举要"，载《山东审判》2016 年第 2 期。

其内容略有不同。

任务 1.1　被告人（罪犯）调查评估笔录的制作

被告人（罪犯）调查评估笔录主要包括调查的时间、地点、调查人姓名、单位、记录人姓名、被调查人的基本情况和犯罪情况等内容。参见【样表 1-1】：

【样表 1-1】

被告人（罪犯）调查评估笔录

共　页

调查时间：____年__月__日____时__分至____年__月__日____时__分

调查地点：_____

调查人姓名：_____单位_____社区矫正机构/司法所

调查人姓名：_____单位_____社区矫正机构/司法所

记录人姓名：_____

被调查人姓名：_____曾用名_____性别_____婚否_____

出生年月日_____国籍或民族_____籍贯_____

文化程度_____身份证（护照）号码_____

工作单位（职业、职务）_____

户籍地址_____

经常居住地址_____联系电话_____

案由_____

问：我们是_____社区矫正机构/司法所的工作人员（出示证件），依据《社区矫正法》《社区矫正法实施办法》等相关规定，受_____法院的委托，依法对您的居所情况、家庭和社会关系、犯罪行为的后果和影响等情况进行调查，您应当如实回答我们的询问并协助调查，不得提供虚假证言，不得伪造、隐匿、毁灭证据，否则将承担法律责任。您有权对被询问的事项自行提供书面材料，有权核对调查笔录，对记载有误或遗漏之处，可提出更正或补充意见，如所回答的问题涉及国家或商业秘密，我们将予以保密。本调查内容，我们会如实反馈给委托法院，并将作为您是否适用社区矫正的依据，以上内容您是否已听清楚？

　　答：_____

　　问：您对本次调查的工作人员需不需要提出回避申请？

　　答：_____

　　问：您的家庭基本情况如何？（家庭成员的姓名、年龄、职业、住址、经济状况、联系方式等）

　　答：_____

　　问：您的居住地和户籍地不一致，居住地是您的房子吗？如果是租住的，房东是谁？打算居住多长时间？和谁居住在一起？

　　答：_____

　　问：您目前从事什么职业？经济收入如何？

　　答：_____

　　问：您的家庭关系如何？

　　答：_____

　　问：您家人/亲友对您涉嫌犯罪有何评价？

　　答：_____

　　问：您的家庭经济状况如何？

　　答：_____

　　问：您身体状况怎么样？有没有什么疾病或病史？

　　答：_____

　　问：您的性格类型属于哪一类（外向/内向）？有无不良脾气？

　　答：_____

　　问：您业余时间一般做什么？有没有什么特长或爱好？平时与哪些人交往？

　　答：_____

　　问：您平时喝不喝酒？有没有酒后误事或借酒闹事的情况？

　　答：_____

　　问：您工作、学习或生活环境中，邻里、同事/同学之间关系如何？有无矛盾？

　　答：_____

　　问：您与他人有没有经济纠纷（债务问题）或感情纠纷？

　　答：_____

　　问：您在此之前有没有受过什么处罚？具体情况怎样？

答：_____

问：您简要叙述一下此次涉嫌犯罪的事情经过？

答：_____

问：您对此次涉嫌犯罪有什么认识？

答：_____

问：您对本案被害人的损失有没有做出赔偿？有无取得对方的谅解？

答：_____

问：您的保证人/监护人是否落实？保证人/监护人的情况如何？（保证人/监护人的关系、姓名、年龄、职业、住址、经济状况、联系方式等）

答：_____

问：如您被依法实施社区矫正，必须遵守以下规定：①必须按时到社区矫正机构报到，定期进行思想汇报，参加集中教育、公益活动；②接受社区矫正机构或受委托的司法所的监督管理；③社区矫正开始的3个月内不准请假，特殊情况外出必须请假，未经批准不得外出等；④如违反社区矫正相关监管规定，将依法给予训诫、警告、拘留、收监执行等处罚。您愿意接受社区矫正机构的监管和帮教吗？

答：_____

问：您还有什么补充？

答：_____

问：您以上所讲的是否属实？

答：_____

被调查人核对意见：_____以上笔录我已看过（已向我宣读过），与我说的相符。

被调查人签字：_____时间：____年__月__日

任务1.2 被害人（被害人家人）调查评估笔录的制作

被害人（被害人家人）调查评估笔录主要包括调查的时间、地点、调查人姓名、单位、记录人姓名、被调查人的基本情况、受到侵害的情况、被告人犯罪的情况、对被告人拟适用社区矫正的态度、对被告人拟禁止事项的意见等内容。参见【样表1-2】：

【样表 1-2】

被害人（被害人家人）调查评估笔录

共　页

调查时间：＿＿年＿月＿日＿＿时＿分至＿＿年＿月＿日＿＿时＿分

调查地点：＿＿＿＿＿＿＿＿＿＿＿＿＿＿＿＿＿＿＿＿＿＿＿＿

调查人姓名：＿＿＿＿＿单位＿＿＿＿＿社区矫正机构/司法所

调查人姓名：＿＿＿＿＿单位＿＿＿＿＿社区矫正机构/司法所

记录人姓名：＿＿＿＿＿＿＿＿＿＿＿＿＿＿＿＿＿＿＿＿＿＿

被调查人姓名＿＿＿＿＿性别＿＿＿＿＿出生年月＿＿＿＿＿

身份证号码＿＿＿＿＿＿＿＿＿＿＿＿＿＿＿＿＿＿＿＿＿＿＿＿

工作单位（职业、职务）＿＿＿＿＿＿＿＿＿＿＿＿＿＿＿＿＿

家庭地址＿＿＿＿＿＿联系电话＿＿＿＿＿＿

问：我们是＿＿＿＿＿社区矫正机构/司法所的工作人员（出示证件），依据《社区矫正法》《社区矫正法实施办法》等相关规定，受＿＿＿＿＿法院/监狱的委托，依法对＿＿＿＿＿＿是否适用社区矫正的情况对您进行调查，希望您如实反映，是否已听清楚？

答：＿＿＿＿＿＿＿＿＿＿＿＿＿＿＿＿＿＿＿＿＿＿＿＿＿＿＿

问：请您谈谈案件的具体情况？（包括您的受害情况）

答：＿＿＿＿＿＿＿＿＿＿＿＿＿＿＿＿＿＿＿＿＿＿＿＿＿＿＿

问：您事后是如何处理的？

答：＿＿＿＿＿＿＿＿＿＿＿＿＿＿＿＿＿＿＿＿＿＿＿＿＿＿＿

问：您现在身体状况如何？

答：＿＿＿＿＿＿＿＿＿＿＿＿＿＿＿＿＿＿＿＿＿＿＿＿＿＿＿

问：您现在有无工作？

答：＿＿＿＿＿＿＿＿＿＿＿＿＿＿＿＿＿＿＿＿＿＿＿＿＿＿＿

问：您和（被告人或罪犯）＿＿＿＿＿＿过去或现在的关系如何？

答：＿＿＿＿＿＿＿＿＿＿＿＿＿＿＿＿＿＿＿＿＿＿＿＿＿＿＿

问：请您介绍一下（被告人或罪犯）＿＿＿＿＿＿的社会关系。

答：＿＿＿＿＿＿＿＿＿＿＿＿＿＿＿＿＿＿＿＿＿＿＿＿＿＿＿

问：您认为（被告人或罪犯）_____的犯罪原因、犯罪经过、犯罪后果及犯罪影响是怎样的？

答：_____

问：请您介绍一下（被告人或罪犯）_____的一贯表现情况。

答：_____

问：如果对（被告人或罪犯）_____实行社区矫正，您是否同意？您认为他（她）还会对社会构成危害吗？

答：_____

问：您认为对（被告人或罪犯）_____在社区接受矫正后拟禁止的事项或禁止他（她）进入的区域应该有哪些？

答：_____

问：如果法院/监狱拟对（被告人或罪犯）_____适用社区矫正，您对这件事是怎么看的？

答：_____

问：您还有其他情况补充吗？

答：_____

问：您以上所说是否属实？

答：_____

被调查人核对意见：_____以上笔录我已看过（已向我宣读过），与我说的相符。

被调查人签字：_____时间：____年__月__日

任务1.3　被告人（罪犯）家人（保证人或监护人）调查评估笔录的制作

被告人（罪犯）家人（保证人或监护人）调查评估笔录主要包括调查的时间、地点、调查人姓名、单位、记录人姓名、被调查人的基本情况、与被告人的关系、被告人的居住地址、日常表现、与家人的关系、社会交往情况、经济收入、犯罪情况、对被告人（罪犯）适用社区矫正的意见等内容。参见【样表1-3】：

【样表1-3】

家人或保证人或监护人调查评估笔录

共　页

调查时间：___年__月__日___时__分至___年__月__日___时__分

调查地点：_____

调查人姓名：_____单位_____社区矫正机构/司法所

调查人姓名：_____单位_____社区矫正机构/司法所

记录人姓名：_____

被调查人姓名_____性别_____出生年月_____

身份证号码_____

工作单位（职业、职务）_____

居住地址_____联系电话_____

与（被告人或罪犯）_____是_____关系

问：我们是_____社区矫正机构/司法所的工作人员（出示证件），依据《中华人民共和国社区矫正法》《中华人民共和国社区矫正法实施办法》等相关规定，受_____法院（监狱或公安机关）的委托，依法对（被告人或罪犯）_____是否适用社区矫正的情况对您进行调查，希望您如实反映，是否已听清楚？

答：_____

问：您和（被告人或罪犯）_____是什么关系？

答：_____

问：（被告人或罪犯）_____现在居住地在何处？

答：_____

问：（被告人或罪犯）_____的家里有哪些人？和谁居住在一起？（基本情况）

答：_____

问：（被告人或罪犯）_____的性格如何？

答：_____

问：（被告人或罪犯）_____的身体状况如何？

答：_____

问：（被告人或罪犯）_____的平时生活习惯如何？

答：_____

问：（被告人或罪犯）_____的社会交往情况如何？

答：_____

问：（被告人或罪犯）_____与家庭成员、邻居、朋友相处关系如何？

答：_____

问：（被告人或罪犯）_____目前有无固定生活来源或者有无他人、有关单位提供生活保障？

答：_____

问：您对（被告人或罪犯）_____的此次犯罪有何看法？

答：_____

问：如（被告人或罪犯）_____被依法实施社区矫正，您觉得周围的邻居和社区是否会有意见？

答：_____

问：根据《中华人民共和国社区矫正法》和《中华人民共和国社区矫正法实施办法》的有关规定，如（被告人或罪犯）_____被依法实施社区矫正，必须遵守以下规定：①必须按时到执行地县级社区矫正机构报到，定期到执行地县级社区矫正机构或者受委托的司法所进行思想汇报和参加集中教育、公益活动、社区服务等；②接受社区矫正机构或受委托的司法所的监督管理；③社区矫正开始的3个月内不准请假，特殊情况外出必须请假，未经批准不得外出等；④如违反社区矫正相关监管规定，将依法给予训诫、警告、拘留、收监执行等处罚。您愿意配合司法所对其进行监管和帮教吗？

答：_____

问：根据《中华人民共和国社区矫正法》有关规定，如（被告人或者罪犯）_____被依法实施社区矫正，您应协助做好以下事项：①协助对社区矫正对象进行监督管理和教育帮扶；②督促社区矫正对象按要求向司法所报告有关情况、参加学习及公益活动，自觉遵守有关监督管理规定；③定期向司法所反映社区矫正对象遵纪守法、学习、日常生活和工作等情况；④发现社区矫正对象有违法犯罪或违反监督管理规定的行为，及时向司法所报告。您能做到吗？

答：_____

问：您还有无补充？

答：_____

问：您以上所说是否属实？

答：_____

被调查人核对意见：_____以上笔录我已看过（已向我宣读过），与我说的相符。

被调查人签字：_____ 时间：___年__月__日

任务1.4 被告人（罪犯）村（居）民委员会调查评估笔录的制作

被告人（罪犯）村（居）民委员会调查评估笔录主要包括调查的时间、地点、调查人姓名、单位、记录人姓名、被调查人的基本情况、与被告人的关系、被告人的捕前职业、主要经济来源、日常表现、身体状况、性格特点、与家人的关系、与邻里的关系、社会交往情况、犯罪情况、对被告人（罪犯）适用社区矫正的意见等内容。参见【样表1-4】：

【样表1-4】

村（居）民委员会干部调查评估笔录

共 页

调查时间：___年__月__日___时__分至___年__月__日___时__分

调查地点：_____

调查人姓名：_____单位_____社区矫正机构/司法所

调查人姓名：_____单位_____社区矫正机构/司法所

记录人：_____

被调查人姓名_____性别_____出生年月_____

身份证号码_____

工作单位（职业、职务）_____联系电话_____

问：我们是_____社区矫正机构/司法所的工作人员（出示证件），依据《中华人民共和国社区矫正法》《中华人民共和国社区矫正法实施办法》等相关规定，受_____法院/监狱的委托，依法对（被告人或罪犯）_____是否适用社区矫正的情况对您进行调查，希望您如实反映，是否已听清楚？

答：_____

问：您认识（被告人或罪犯）_____吗？

答：_____

问：（被告人或罪犯）_____现在的居住地在哪里？

答：_____

问：（被告人或罪犯）_____家里有哪些人？（基本情况）

答：_____

问：（被告人或罪犯）_____和谁在一起住？

答：_____

问：（被告人或罪犯）_____目前从事什么工作？

答：_____

问：（被告人或罪犯）_____家庭经济条件怎样？

答：_____

问：（被告人或罪犯）_____性格如何？

答：_____

问：（被告人或罪犯）_____身体状况如何？

答：_____

问：（被告人或罪犯）_____平时生活习惯如何？有无特殊爱好？

答：_____

问：（被告人或罪犯）_____社会交往情况如何？

答：_____

问：（被告人或罪犯）_____与家庭成员、邻居、亲戚朋友相处关系如何？

答：_____

问：（被告人或罪犯）_____目前有无固定生活来源或者有无他人、有关单位提供生活保障？

答：_____

问：（被告人或罪犯）_____以前在社区/村里的表现如何？是否有过其他违法违纪行为？

答：_____

问：（被告人或罪犯）_____此次犯罪的情况您是否清楚？

答：_____

问：如（被告人或罪犯）＿＿＿＿＿＿＿被实施社区矫正，您觉得周围邻居是否会对他有意见？您认为他还会对社会构成危害吗？

答：＿＿＿＿＿＿＿＿＿＿＿＿＿＿＿＿＿＿＿＿＿＿＿＿＿＿＿＿＿＿＿＿＿

问：您认为对（被告人或罪犯）＿＿＿＿＿＿＿在社区接受矫正后拟禁止的事项或禁止他（她）进入的区域应该有哪些？

答：＿＿＿＿＿＿＿＿＿＿＿＿＿＿＿＿＿＿＿＿＿＿＿＿＿＿＿＿＿＿＿＿＿

问：根据《中华人民共和国社区矫正法》的有关规定，如（被告人或罪犯）＿＿＿＿＿被依法实施社区矫正，必须遵守以下规定：①必须按时到社区矫正机构报到，必须定期进行思想汇报，必须参加集中教育和公益活动；②必须接受社区矫正机构或司法所的监督管理；③社区矫正开始的3个月内不准请假，特殊情况外出必须请假，未经批准不得外出等；④如违反社区矫正相关监管规定，将依法给予训诫、警告、拘留、收监执行等处罚。同时，您应协助做好以下事项：①协助对社区矫正对象进行监督管理和教育帮扶；②督促社区矫正对象按要求向社区矫正机构报告有关情况、参加学习及公益活动情况，自觉遵守有关监督管理规定；③定期向社区矫正机构反映社区矫正对象遵纪守法、学习、日常生活和工作等情况；④发现社区矫正对象有违法犯罪或违反监督管理规定的行为，及时向社区矫正机构报告。您是否愿意协助社区矫正机构落实相关监管帮教措施？

答：＿＿＿＿＿＿＿＿＿＿＿＿＿＿＿＿＿＿＿＿＿＿＿＿＿＿＿＿＿＿＿＿＿

问：您还有无补充？

答：＿＿＿＿＿＿＿＿＿＿＿＿＿＿＿＿＿＿＿＿＿＿＿＿＿＿＿＿＿＿＿＿＿

问：您以上所说是否属实？

答：＿＿＿＿＿＿＿＿＿＿＿＿＿＿＿＿＿＿＿＿＿＿＿＿＿＿＿＿＿＿＿＿＿

被调查人核对意见：＿＿＿＿＿＿＿以上笔录我已看过（已向我宣读过），与我说的相符。

被调查人签字：＿＿＿＿＿时间：＿＿＿年＿月＿日

任务1.5　被告人（罪犯）同事（同学、朋友、邻居）调查评估笔录的制作

被告人（罪犯）同事（同学、朋友、邻居）调查评估笔录主要包括调查的时间、地点、调查人姓名、单位、记录人姓名、被调查人的基本情况、与被告人的关系、被告人的基本情况、工作（学习情况）、日常表现、身体状况、

13

性格特点、与家人的关系、与邻里的关系、社会交往情况、经济收入、犯罪情况、对被告人（罪犯）适用社区矫正的意见等内容。参见【样表1-5】：

【样表1-5】

被告人同事（同学、朋友、邻居）调查评估笔录

共　页

　　调查时间：___年_月_日___时_分至___年_月_日___时_分

　　调查地点：_____

　　调查人：_____记录人：_____

　　调查事由：依据_____人民法院（监狱、公安机关）的委托，现对（被告人或罪犯）_____一案进行调查。

　　被调查人姓名_____，工作单位_____，与（被告人或罪犯）_____的关系是_____。

　　问：我们是_____社区矫正机构/司法所的社区矫正工作人员（出示证件），受_____人民法院（监狱、公安机关）的委托，依法对（被告人或罪犯）_____拟适用社区矫正进行调查评估，请予以配合。

　　下面请您介绍一下（被告人或罪犯）_____的个人基本情况、居所情况。

　　答：_____

　　问：请您介绍一下（被告人或罪犯）_____的家庭情况、家庭关系等。

　　答：_____

　　问：请您介绍一下（被告人或罪犯）_____的社会关系。

　　答：_____

　　问：请您介绍一下（被告人或罪犯）_____犯罪原因、犯罪经过、犯罪后果及犯罪的影响。

　　答：_____

　　问：请您介绍一下（被告人或罪犯）_____的一贯表现情况。

　　答：_____

　　问：如果对（被告人或罪犯）_____实行社区矫正，您是否同意？您认为他还会对社会构成危害吗？

答：＿＿＿＿＿＿＿＿＿＿＿＿＿＿＿＿＿＿＿＿＿＿＿＿＿＿＿＿＿

问：对（被告人或罪犯）＿＿＿＿＿实施社区矫正以后，您能否给予其监督和管理？其在生活或工作上遇到困难时，能否给予其帮助？

答：＿＿＿＿＿＿＿＿＿＿＿＿＿＿＿＿＿＿＿＿＿＿＿＿＿＿＿＿＿

问：您认为对（被告人或罪犯）＿＿＿＿＿在社区矫正后拟禁止的事项应该有哪些？

答：＿＿＿＿＿＿＿＿＿＿＿＿＿＿＿＿＿＿＿＿＿＿＿＿＿＿＿＿＿

问：您是否还有其他情况需要补充？

答：＿＿＿＿＿＿＿＿＿＿＿＿＿＿＿＿＿＿＿＿＿＿＿＿＿＿＿＿＿

被调查人核对意见：＿＿＿＿＿以上笔录我已看过（已向我宣读过），与我说的相符。

被调查人签字：＿＿＿＿＿时间：＿＿＿年＿月＿日

任务1.6 被告人（罪犯）所在地派出所调查评估笔录的制作

被告人（罪犯）所在地派出所调查评估笔录，主要包括调查时间、地点、调查人姓名、记录人姓名、调查事由、被调查人姓名、工作单位、被告人的居所情况、被告人（罪犯）此前有无违法犯罪记录的情况、对被告人（罪犯）适用社区矫正的意见等内容。参见【样表1-6】：

【样表1-6】

被告人（罪犯）所在地派出所调查评估笔录

共 页

调查时间：＿＿＿年＿月＿日＿＿时＿分至＿＿＿年＿月＿日＿＿＿时＿分

调查地点：＿＿＿＿＿＿＿＿＿＿＿＿＿＿＿＿＿＿＿＿＿＿＿＿＿＿＿

调查人姓名：＿＿＿＿＿＿＿记录人姓名：＿＿＿＿＿＿

调查事由：依据＿＿＿＿＿＿＿人民法院（监狱、公安机关）的委托，现对（被告人或罪犯）＿＿＿＿＿＿＿违法犯罪情况进行调查。

被调查人姓名＿＿＿＿＿，工作单位＿＿＿＿＿＿＿

问：我们是＿＿＿＿＿＿＿社区矫正机构/司法所的社区矫正工作人员（出示证件），受＿＿＿＿＿＿人民法院（监狱、公安机关）的委托，依法对（被告人或罪犯）＿＿＿＿＿＿拟适用社区矫正进行调查评估，请予以配合。

下面请您介绍一下（被告人或罪犯）_____的个人基本情况、居所情况。

答：_____

问：请您介绍一下（被告人或罪犯）_____有无违法犯罪记录？

答：_____

问：如果对（被告人或罪犯）_____实行社区矫正，您认为他（她）还会对社会构成危害吗？

答：_____

问：您认为对（被告人或罪犯）_____在社区矫正后拟禁止的事项应该有哪些？

答：_____

问：您是否还有其他情况需要补充？

答：_____

被调查人核对意见：_____以上笔录我已看过（已向我宣读过），与我说的相符。

被调查人签字：_____时间：____年__月__日

任务2　调查评估意见书的制作

调查评估意见书的制作是对调查评估收集的资料进行整理、分析后，得出结论的过程。调查评估意见书是社区矫正机构或有关社会组织，受社区矫正决定机关的委托，对犯罪嫌疑人、被告人或罪犯的社会危险性和对所居住社区的影响进行社会调查和论证，形成综合评估意见的书面材料的法律文书。本文书根据《社区矫正法》第18条以及《社区矫正法实施办法》第14条的规定制作。

任务2.1　调查评估意见书的格式

一、文书结构

调查评估意见书主要由以下三个部分组成，参见【样表1-7】。

（一）首部

首部包括文书标题和字号。标题即"调查评估意见书"，文书字号由年度、社区矫正机构代字、类型代字、文书编号组成，使用阿拉伯数字，例"（2022）××矫调评字第1号"。

（二）正文

1. 受文机关

受文机关即调查评估的委托机关。委托机关包括人民法院、公安机关和监狱管理机关或其他委托的机关。如监狱等依法委托社区矫正机构进行调查评估的，可在"_____"委托机关处进行修改。

2. 文书主体

这是本文书的核心内容，应包括三部分内容：①调查了解到的所有情况，包括居所情况、家庭和社会关系、犯罪行为的后果和影响、居住地村（居）民委员会意见、被害人意见、拟禁止的事项、社会危险性、对所居住社区的影响等；②社区矫正执法案件审查小组综合评估意见，对调查材料积极因素和消极因素的鉴别归类；③"评估意见为_____"处可以填写被告人或者罪犯适用社区矫正是否存在社会危险性以及对所居住社区的影响，并给出评估结论"适宜社区矫正"或"不适宜社区矫正"。

（三）尾部

文书尾部署上单位名称、加盖公章，并注明年月日和抄送机关。

二、制作要求

（1）本文书一式三份，一份存档，一份与相关材料一起提交委托机关，同时抄送执行地县级人民检察院一份。

（2）文书主体部分应做到客观真实、充分全面，避免偏听偏信，受主观因素的影响，出具的调查评估意见应力求客观全面，有充分的调查事实予以支持。

（3）对调查评估意见以及调查中涉及的国家秘密、商业秘密、个人隐私等信息，应当保密。

【样表1-7】

调查评估意见书

（　　）字第　　号

_____人民法院（公安局、监狱管理局）：

　　受你单位委托，我单位于____年__月__日至____年__月__日对被告人（罪犯）_____进行了调查评估。有关情况如下：_____

_____

_____

_____。

　　综合以上情况，评估意见为_____

_____。

（公章）

年　月　日

注：抄送_____人民检察院。

任务2.2　调查评估意见书的撰写

案例1-2

　　王某，男，1993年3月出生，户籍地、居住地均为S省L市X县。2017年7月，王某因犯非法吸收公众存款罪被L市中级人民法院判处有期徒刑5年，刑期为2016年5月19日起至2021年5月18日止。判决发生法律效力后，交付S省Y监狱执行。S省Y监狱于2020年7月23日向L市中级人民法院提出假释建议，并委托S省L市X县司法局社区矫正机构进行调查评估。X县司法局社区矫正机构收到委托函后，成立调查评估工作组，根据委托机关要求，对王某的社会危险性和对所居住社区的影响进行调查、分析，并提出评估意见。

根据【案例 1-2】所给材料，制作调查评估意见书，实例如【样表 1-8】：

【样表 1-8】

调查评估意见书

（2022）×矫调评字第 5 号

　　Y　监狱：

　　受你单位委托，我单位于 2020 年 7 月 25 日至 2020 年 7 月 30 日对罪犯王某进行了调查评估。有关情况如下：王某，男，1993 年 3 月出生，汉族，大学本科文化，身份证号码：×××××××××××××××××，户籍地、居住地均为 S 省 L 市 × 县 ×× 街道 ×× 号。通过对被告人王某的亲属、朋友、邻居及社区走访调查，均反映其成长经历正常，平时表现一贯良好，家庭、邻里关系和睦，未与社会闲杂人员交往，无吸毒、赌博、习练法轮功等劣迹前科；其父母均已退休，经济状况稳定，并表示愿意为其提供经济帮助及监督帮教；此次犯罪为非法吸收公众存款罪，在社区无特定被害人，社区居委会同意接受并愿意帮助其矫正不良行为，将其置于社区无重大不良影响。

　　综合以上情况，评估意见为王某适用社区矫正存在的社会危险性较低，对所居住社区的影响　般，同意将其纳入社区矫正。

X 县司法局（公章）

2020 年 7 月 31 日

注：抄送X 县人民检察院。

【技能训练——实训项目】

案例 1-3

　　欧某，男，1964 年 2 月出生，户籍地及居住地均为 H 省 C 县。2021 年 11 月 1 日，欧某因涉嫌危险驾驶罪被 C 县公安局取保候审。2021 年 12 月 20 日，H 省 C 县人民法院拟对被告人欧某适用社区矫正，为调查其对所居住社区的影响，以发函的形式委托 C 县司法局社区矫正机构进行调查评估。

C县司法局社区矫正机构收到 H 省 C 县人民法院的委托函后，依据《中华人民共和国社区矫正法》《中华人民共和国社区矫正法实施办法》等规定，组织执行地司法所对被告人欧某家庭情况、社会关系、日常表现、违法行为的后果及居委会意见等进行走访调查，先后听取欧某居住地居委会主任、亲属等人员的意见，并制作了调查笔录。

根据【案例 1-3】所给材料，制作有关调查评估笔录和调查评估意见书。

【课堂活动 1-1】

如果社区矫正决定机关未委托社区矫正机构开展调查评估，而是直接对被告人（罪犯）适用了社区矫正，你如何看待这件事情？

【课堂活动 1-2】

被告人崔某，女，1958 年 3 月 6 日出生，居民身份证号码是：13××××××××××××××××，汉族，初中文化，户籍所在地为广东省广州市×区××路×号，政治面貌：群众，系河北省×市下岗职工，现居住在河北省×市×区××街道××号。崔某因涉嫌帮助信息网络犯罪活动罪于 2021 年 10 月被逮捕，随后被起诉至河北省×市×区人民法院。

请问，如果×区人民法院委托对被告人崔某进行调查评估，应委托哪里的社区矫正机构开展调查评估工作？

【思考题】

1. 目前在司法实践中对调查评估笔录的格式和内容有没有规范化的要求？
2. 目前在司法实践中对调查评估意见书的制作有没有规范化的要求？

拓展 学习

一、X 省 X 市中级人民法院委托调查评估函

×省×市×区司法局（社区矫正机构）：

被告人李某，男，1974 年 10 月 7 日出生，身份证号是××××××××××

××××××××，汉族，初中文化，居住于×省×市×区×镇×村×号，农民，因涉嫌窝藏罪，2020年3月1日被刑事拘留，同年3月30日被逮捕。

我院审理李某一案，依据被告人李某的犯罪情节、犯罪后果及悔罪表现，拟判处缓刑。根据《社区矫正法》的相关规定，现委托贵局对被告人李某进行调查评估，并将调查结果尽快函告我院。

附：×检公诉刑诉（2021）20号起诉书副本1份

×省×市中级人民法院（盖章）
二〇二一年四月十日

邮寄地址：×省×市中级人民法院　刑事庭

联系人：王某

联系电话：（固定电话）×××－×××××××；手机：×××××××××××

被告人电话：××××××××××

二、浙江省社区矫正调查评估办法（试行）[1]

第一章　总则

第一条　为加强和规范社区矫正调查评估工作，根据《中华人民共和国刑法》《中华人民共和国刑事诉讼法》《中华人民共和国社区矫正法》《中华人民共和国社区矫正法实施办法》等法律法规，结合我省实际，制定本办法。

第二条　社区矫正调查评估工作是指社区矫正决定机关根据需要，可以委托社区矫正机构或者有关社会组织对拟适用社区矫正的被告人、罪犯的社会危险性和对其所居住社区的影响，进行调查评估，提出意见，供社区矫正决定机关决定时参考的活动。

对拟报请假释或者拟批准暂予监外执行的罪犯，由执行机关委托社区矫正机构调查评估罪犯假释或者暂予监外执行后对其所居住社区的影响。

---

〔1〕 "浙江省社区矫正调查评估办法（试行）"，社区矫正宣传网，http://www.chjzxc.com/index/index/page.html？id＝18251，最后访问时间：2022年8月26日。

第三条 对拟适用社区矫正的被告人、罪犯，委托调查评估机关（以下简称委托机关）应当核实其居住地；在多个地方居住的，可以确定其经常居住地为执行地。

被告人、罪犯的居住地是指其实际居住的县（市、区）。被告人、罪犯居住地或者经常居住地应当同时具备下列条件：

（一）有其本人所有、承租或者他人、有关单位提供已经居住或者能够连续居住六个月（含）以上的固定居所，社区矫正执行期限少于六个月的除外；

（二）有固定生活来源，或者他人、有关单位为其提供的生活保障。

拟适用社区矫正的被告人、罪犯系未成年人的，其监护人须符合上述条件。

外省籍被告人、罪犯符合上述规定的，参照适用上述规定；但其明确要求回原籍接受社区矫正的可予准许。

对没有居住地，居住地、经常居住地无法确定或者不适宜执行社区矫正的，委托机关应当及时会商有关社区矫正机构，根据有利于社区矫正对象接受矫正、更好地融入社会的原则，确定社区矫正执行地。被确定为执行地的社区矫正机构应当及时接收。

被告人、罪犯及其家庭成员或者亲属等应当如实提供其居住、户籍等情况，并提供必要的证明材料。

第四条 有下列情形之一的，委托机关应当委托执行地社区矫正机构进行调查评估：

（一）拟对罪犯提请假释的；

（二）拟对港澳台籍、外国籍或者国籍不明的被告人宣告缓刑的；

（三）拟对未成年被告人判处管制、宣告缓刑的；

（四）拟对有犯罪前科或者对曾因违反社区矫正监督管理规定被收监执行的对象决定暂予监外执行的；

（五）其他应当委托进行调查评估的情形。

居住地与户籍地均在同一县（市、区）且可能被判处管制或者拘役并宣告缓刑的，以及拟决定或者批准暂予监外执行的对象因病情严重必须立即保外就医的，可以不进行社区矫正调查评估。

第五条 社区矫正机构应当依法开展调查评估工作，全面、真实反映调查情况，客观、公正作出评估意见，并在规定的期限内向委托机关提交调查评估意见。

第六条　委托机关及相关单位、部门和人员，以及居民委员会、村民委员会等组织应当协助配合社区矫正机构开展调查评估工作。

第二章　调查评估程序

第七条　委托调查评估时，委托机关应当向执行地县级社区矫正机构送达《社区矫正调查评估委托函》（附件1）和居住地核实结果，并附下列材料：

（一）人民法院委托时，应当附带起诉书或者自诉状；

（二）看守所、监狱委托时，应当附带判决书、裁定书、执行通知书、减刑裁定书复印件以及罪犯在服刑期间表现情况材料；

（三）涉及暂予监外执行调查评估案件的，委托机关还应当附由省级人民政府指定医院出具的罪犯病情诊断、妊娠检查或者生活不能自理的鉴别意见等有关材料复印件；

（四）拟适用社区矫正的被告人、罪犯的身份证或者户口簿、《浙江省居住证》、户籍证明复印件以及其本人自有或者他人提供的固定居所、固定生活来源的相关证明材料。

《社区矫正调查评估委托函》应当包括被告人、罪犯及其家属或者监护人、保证人等有关人员的姓名、住址、联系方式、案由以及委托机关的联系人、联系方式等内容。

第八条　委托机关应当通过工作人员直接送达、邮寄（中国邮政挂号或快递）、政法一体化办案系统平台推送等方式，传递《社区矫正调查评估委托函》等相关材料。不得通过案件当事人、法定代理人、诉讼代理人或者其他利害关系人转交社区矫正机构。

社区矫正机构不得接收委托机关以外的其他单位或者个人转递的委托调查材料。

社区矫正机构收到委托机关委托调查评估文书后，应当及时通知执行地县级人民检察院。

第九条　社区矫正机构应当认真审查核对委托调查相关材料，发现调查材料缺项的，应当及时通知委托机关在三个工作日内补齐。因被告人或者罪犯的姓名、居住地不真实、身份不明等原因，无法进行调查评估的，应当及时向委托机关说明情况。

第十条 社区矫正机构应当自收到《社区矫正调查评估委托函》及所附材料之日起十个工作日内完成调查评估工作，提交评估意见。对于适用刑事案件速裁程序的，社区矫正机构应当在五个工作日内完成调查评估工作，提交评估意见。评估意见同时抄送执行地县级人民检察院。

需要延长调查评估时限的，社区矫正机构应当与委托机关协商，并在协商确定的期限内完成调查评估工作。

第十一条 社区矫正机构应当成立调查小组，成员由社区矫正机构或者司法所社区矫正工作人员组成。调查小组成员不得少于2名，其中国家公职人员不得少于1名。

调查小组成员名单应当在社区矫正机构或者司法所办公场所予以公告。

第十二条 调查人员有下列情形之一的，应当回避：

（一）属本案当事人或者是当事人近亲属的；

（二）本人或者其近亲属与本案有利害关系的；

（三）曾担任本案证人、鉴定人、辩护人、诉讼代理人的；

（四）与本案当事人有其他关系，可能影响调查评估公正性的。

第十三条 调查评估项目及内容主要包括：

（一）家庭和社会关系，包括居所情况、家庭成员情况、社会交往和主要社会关系、监护人或者保证人具保情况等；

（二）个性特点，包括身体状况、心理特征、性格类型、爱好特长等；

（三）现实表现，包括工作学习表现、遵纪守法情况、是否有不良嗜好、行为恶习等；

（四）犯罪情况和悔罪表现，包括犯罪行为后果和影响、犯罪原因、主观恶性、是否有犯罪前科、认罪悔罪态度、社会危险性等；

（五）社会反响，包括被害人或者其亲属态度、村（居）群众态度、被调查对象适用社区矫正后可能对其所居住社区的影响等；

（六）监管条件，包括家庭成员和监护人或者保证人态度、经济生活状况和环境、工作单位、就读学校和村（居）基层组织意见等；

（七）其他违法犯罪记录核查，向辖区公安派出所了解核查相关情况；

（八）拟禁止的事项；

（九）需要调查评估的其他事项。

对已经交付执行的罪犯开展调查评估，可以重点调查评估前款所列的第（一）项、第（三）项、第（五）项、第（六）项、第（七）项、第（九）项以及第（四）项中的犯罪行为后果和影响等项目和内容。

在调查过程中，调查人员应当根据调查情况，据实填写《浙江省社区矫正调查评估表》（附件3）。

第十四条　调查人员可以采取走访、谈话、查阅资料、召开座谈会等方式，向被告人、罪犯的家庭成员、工作单位、就读学校、辖区公安派出所和所居住的村（居）民委员会、村（居）群众、被害人等调查了解情况。

调查人员进行调查时，应当出示《社区矫正调查评估委托函》和社区矫正机构介绍信或者本人工作证件。

第十五条　调查过程中，如需跨市、县（市、区）调查的，可采取实地调查或者委托调查方式进行。

实地调查时，由执行地市、县（市、区）社区矫正机构负责沟通协调实地调查所涉及的相关事宜。

委托调查时，由执行地社区矫正机构出具《委托调查函》并附调查清单，委托调查事项所在地社区矫正机构进行。受委托的社区矫正机构收到《委托调查函》后，适用刑事速裁程序的案件应当在三个工作日内、其他案件在五个工作日内完成调查并书面反馈委托方。

第十六条　调查过程中，调查人员应当制作社区矫正调查评估笔录（附件2），调查人、被调查人、记录人在调查笔录上签字确认。被调查人拒绝签字的，应当在笔录上注明，并提供在场人见证证明。必要时，可录音录像，并提供在场人见证证明。

调查人员向有关单位收集、调取的书面调查材料，应当加盖单位印章；向个人收集、调取的书面调查材料，应当由其本人签字确认或者盖章。

第十七条　调查小组成员应当认真梳理分析调查情况及相关材料，对被告人、罪犯是否建议适用社区矫正进行评估，形成初步调查评估意见并附相关证明材料提交社区矫正机构。

社区矫正机构对调查小组提供的相关证明材料等有异议的，应当要求调查小组进一步调查核实。

社区矫正机构根据需要，可以协调县级司法行政机关负责法制审核职能的部门，对调查小组提交的初步调查评估意见和相关证明材料进行抽检、复核。

第十八条　社区矫正机构应当召开案件评审会，评议审核调查评估意见和相关证明材料，形成集体评议审核意见。评议审核情况应记录在案，参加会议人员应当签字确认。

案件评审会成员包括：

（一）县级司法行政机关负责人；

（二）社区矫正机构和法制审核、政工或者纪监等部门负责人；

（三）拟适用社区矫正的被告人、罪犯居住地司法所所长和调查小组成员等。

社区矫正机构根据需要，可以邀请执行地县级人民检察院有关部门、基层检察室和公安派出所以及乡镇（街道）、村（居）组织等相关人员参加调查评估案件评审会，听取意见，落实监督。

第十九条　社区矫正机构应当根据集体评议审核意见，及时制作《调查评估意见书》（附件4），经县级司法行政机关负责人审签后，附《浙江省社区矫正调查评估表》（复印件）等相关材料一并提交委托机关，并同时抄送执行地县级人民检察院。

第二十条　社区矫正机构应当建立社区矫正调查评估案件档案，一人一档。档案材料应当包括：

（一）《社区矫正调查评估委托函》及相关材料；

（二）调查评估小组提交的调查材料；

（三）社区矫正机构和县级司法行政机关法制部门审核、抽检、复核相关材料；

（四）社区矫正调查评估案件评审会集体评议审核的有关材料；

（五）《调查评估意见书》及相关材料；

（六）其他相关材料。

社区矫正机构应当将被依法适用社区矫正罪犯的调查评估档案归入其社

区矫正档案。

委托机关应当将《调查评估意见书》及相关调查材料复印件归入所办理的相关案件卷宗。

第二十一条 社区矫正机构办理未成年被告人、罪犯调查评估案件时，应当对其身份采取保护措施，调查情况及相关材料应予保密。

社区矫正机构根据需要，可以邀请共青团、妇联、教育部门、未成年人保护组织等相关工作人员，参与未成年被告人、罪犯的社区矫正调查评估工作。

第三章 调查评估采信

第二十二条 委托机关应当认真审查社区矫正机构出具的调查评估意见，并作为适用社区矫正的参考。

社区矫正机构对未成年被告人、罪犯的调查评估意见，可作为委托机关适用社区矫正的重要参考。

第二十三条 委托机关需对调查评估意见作进一步调查核实的，可以委托社区矫正机构进行补充调查，也可以派员实地调查核实。对调查评估意见的采信情况，应当在相关法律文书中说明。

第四章 监督管理

第二十四条 人民检察院依法对社区矫正调查评估工作实施监督，对《调查评估意见书》有异议的，应当及时提出书面意见，相关机关应当及时给予答复；发现违规违纪违法情况的，应当及时提出纠正意见或者检察建议。

有关机关应当依照人民检察院提出的纠正意见或者检察建议，及时整改纠正。有异议的，应当书面说明情况。

人民检察院履行法律监督职责时，可以向人民法院、公安机关、监狱、社区矫正机构等有关单位和个人调查核实情况，相关单位及个人应当配合。

第二十五条 委托机关、社区矫正机构及其工作人员对调查评估意见中或者调查过程中涉及的国家秘密、商业秘密、个人隐私以及依法应当被封存的犯罪记录等信息，应当保密，不得泄露。相关人员存在违规违纪的，应当依法给予相应处分；存在违法行为的，应当依法追究法律责任。

第二十六条 相关人员弄虚作假、徇私舞弊，出具虚假调查评估意见或者有其他违反规定情形的，应当依照有关规定追究相关人员责任；情节严重的，将违纪违法案件线索移交监察机关依法处理；存在违法行为的，应当依法追究法律责任。

第五章　附则

第二十七条　委托机关根据需要委托有关社会组织开展社区矫正调查评估的相关活动，以及人民检察院根据需要委托社区矫正机构或者有关社会组织开展调查评估的相关案件，可参照本办法相关规定和程序办理。

第二十八条　本办法自印发之日起施行，《浙江省社区矫正调查评估办法（试行）》（浙司〔2017〕174号）同时废止。

附件：1. 社区矫正调查评估委托函

　　　2. 社区矫正调查评估笔录

　　　3. 浙江省社区矫正调查评估表

　　　4. 调查评估意见书

社区矫正交付接收工作文书制作

知识目标：掌握社区矫正交付接收工作的一般流程和相关知识；

能力目标：具备规范制作社区矫正交付接收工作中各类法律文书的基本能力；

素质目标：培养依法行政、规范执法、履职尽责、认真负责的职业精神。

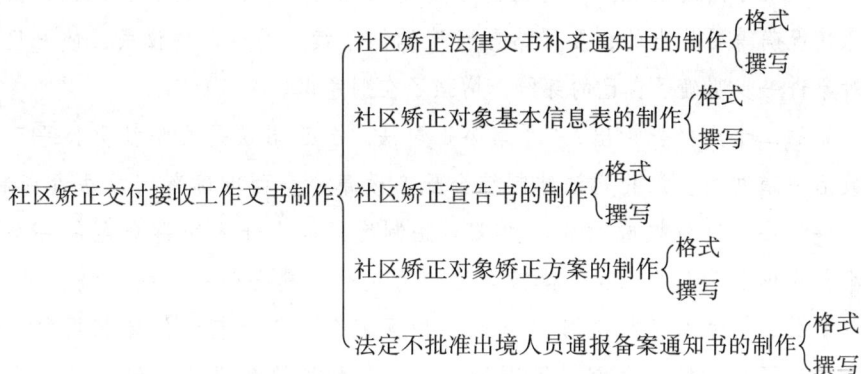

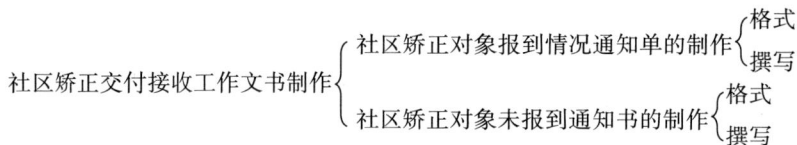

社区矫正交付接收工作文书制作 { 社区矫正对象报到情况通知单的制作 { 格式 / 撰写 ; 社区矫正对象未报到通知书的制作 { 格式 / 撰写 }

案例 2-1

2022 年 7 月 25 日，社区矫正对象郭某来到 H 省 S 市 P 县司法所报到。P 县司法所工作人员认真查阅完郭某的档案，详细核对社区矫正对象的身份信息，并宣读判决书、执行通知书、社区矫正宣告书等法律文书，告知社区矫正对象社区矫正期限及社区矫正对象依法享有的权利和义务、应当遵守的规定、被禁止的事项以及违反规定的法律后果。在核对信息和宣读相关法律文书后，社区矫正对象郭某进行了入矫表态，并在社区矫正责任书、承诺书、宣告书以及其他相关文书上签字。工作人员同时还为郭某手机上安装了正行通 APP。

司法所工作人员对该社区矫正对象提出以下三点要求：一是要每周汇报、按月来所提交思想汇报、参加集中学习和公益劳动、主动接受教育改造。二是要求社区矫正对象按时按次数在正行通 APP 上签到、手机 24 小时开机，不能出现人机分离的情况。三是仅能在规定区域内活动，不得私自外出，如有特殊情况确需要外出的，要严格履行请销假手续。通过入矫仪式，使社区矫正对象进一步明确了自己的身份、增强了在刑意识。

党的二十大报告指出，"严格公正司法。公正司法是维护社会公平正义的最后一道防线。深化司法体制综合配套改革，全面准确落实司法责任制，加快建设公正高效权威的社会主义司法制度，努力让人民群众在每一个司法案件中感受到公平正义。规范司法权力运行，健全公安机关、检察机关、审判机关、司法行政机关各司其职、相互配合、相互制约的体制机制。强化对司法活动的制约监督，促进司法公正。加强检察机关法律监督工作。"党的二十大把中国特色社会主义法治体系更加完善，作为未来 5 年全面建设社会主义现代化国家开局起步关键时期的主要目标任务之一，作为"坚持全面依法治国，推进法治中国建设"工作布局的统领，形成执法司法守法互相贯通的法治实施体系，推动"纸上的法律"转化为"行动中的法律"，更加有效发挥法治对经济社会发展和国家治理的引领、规范和保障作用。社区矫正工作不可能靠社区矫正机构单打独斗，而是需要党政机关和全社会共同努力。社区矫正的社会调查评估、交付接收、监督管理、帮扶教育、解除矫正等工作均需要人民法院、人民检察院、公安机关、司法行政机关密切合作、衔接配合，共同研究解决工作中遇到的问题，才能有效推进社区矫正工作发展，确保社区矫正依法适用、规范运行，进而维护社会和谐稳定。

根据《社区矫正法》第22条的规定，社区矫正机构应当依法接收社区矫正对象，核对法律文书、核实身份、办理接收登记、建立档案，并宣告社区矫正对象的犯罪事实、执行社区矫正的期限以及应当遵守的规定。社区矫正机构在办理矫正对象入矫工作中，要求社区矫正对象遵守社区矫正的各项规定，服从司法所的监督和管理，积极学法守法，按规定参加学习、公益劳动等活动，认真接受教育改造，争取早日回归社会，做一名守法、有益于社会的公民。

任务1 社区矫正法律文书补齐通知书的制作

社区矫正法律文书补齐通知书是社区矫正对象报到时，社区矫正机构未收到法律文书或法律文书不齐全，需要通知社区矫正决定机关送达或补齐的法律文书。本文书根据《社区矫正法》第20条、第21条、第22条以及《社区矫正法实施办法》第16条的规定制作。

任务1.1 社区矫正法律文书补齐通知书的格式

一、社区矫正法律文书的内容

根据《社区矫正法》第22条以及《社区矫正法实施办法》第16条第2款的规定，社区矫正机构应当依法核对社区矫正法律文书，法律文书不齐全时应当通知社区矫正决定机关在规定时间内补齐法律文书。

（一）人民法院判处管制、缓刑类的法律文书

人民法院判处管制、缓刑罪犯的文书材料包括刑事判决书、执行通知书、结案登记表、起诉书副本、接受社区矫正保证书、社区矫正告知书、送达回执、居住地及执行地核实确定等相关材料。

（二）人民法院决定暂予监外执行类的法律文书

人民法院决定暂予监外执行的文书材料包括暂予监外执行决定书、执行通知书、罪犯病情诊断书或罪犯生活不能自理鉴别书及相关病历材料、暂予监外执行具保书、刑事判决书、起诉书副本、结案登记表、接受社区矫正保证书、送达回执、居住地及执行地核实确定等相关材料。

（三）人民法院裁定假释类的法律文书

人民法院裁定假释的文书材料包括假释裁定书、刑事判决书、起诉书副本、假释证明书、假释通知书、历次减刑的裁定书复印件、出监所鉴定或考核鉴定材料、接受社区矫正保证书、社区矫正告知书、送达回执、居住地及执行地核实确定等相关材料。

（四）监狱管理机关、公安机关批准暂予监外执行类的法律文书

监狱管理机关、公安机关批准暂予监外执行的文书材料包括暂予监外执行决定书或通知书、暂予监外执行审批表、罪犯病情诊断书或罪犯生活不能自理鉴别书及相关病历材料、暂予监外执行具保书、刑事判决书、起诉书副本、历次减刑裁定书、出监所鉴定表或考核鉴定材料、接受社区矫正保证书、送达回执、居住地及执行地核实确定等相关材料。

二、文书结构

社区矫正法律文书补齐通知书属于填写式文书，共分为两联，第一联由社区矫正机构留存，第二联送达社区矫正决定机关。参见【样表2-1】。

（一）第一联的结构内容

第一联是存根联，由社区矫正机构留存备查，其填写的内容要多于第二联，主要填写文书字号、社区矫正对象的姓名、身份证号、判处（宣告、裁定、决定）日期、社区矫正决定机关、社区矫正机构、矫正对象报到日期、法律文书缺少项目等。

（二）第二联的结构内容

第二联是正本，由首部、正文、尾部三部分构成。

（1）首部。首部包括标题和文书字号。标题就是该文书的名称，即社区矫正法律文书补齐通知书，文书字号由年份、社区矫正机构代字、文书种类代字和文书顺序号组成，例如："（2022）××矫补通字第3号"。

（2）正文。正文有受文者、文书主体、联系人和联系电话。受文者为社区矫正决定机关，文书主体主要说明要通知的事项，即缺少的法律文书的种类。

（3）尾部。尾部包括文书制作单位（公章）、文书制作日期。

三、制作要求

（1）文书字号及日期中的数字使用阿拉伯数字，存根联和正本之间加盖骑缝章。

（2）文书中的判处（宣告、裁定、决定）日期以及矫正对象的报到日期要填写准确。

（3）社区矫正机构在核对法律文书时，发现可能影响社区矫正执行期限的错误时，应及时与社区矫正决定机关沟通确认，确有错误的，由矫正决定机关重新制发，以保障社区矫正工作依法进行，维护矫正对象的合法权益。因此，在社区矫正法律文书制作过程中，应做到严谨、规范、认真。

【样表2-1】

社区矫正法律文书补齐通知书
（存根）

（　）字第　号

社区矫正对象＿＿＿＿，身份证号码＿＿＿＿，＿＿年＿月＿日经＿＿＿＿人民法院（公安局、监狱管理局）判处（宣告、裁定、决定）管制（缓刑、假释、暂予监外执行）。该社区矫正对象已于＿＿年＿月＿日到＿＿＿＿社区矫正机构报到。经查，未收到相关社区矫正法律文书（相关法律文书不齐全），根据《中华人民共和国社区矫正法》第二十条之规定，请于5日内补齐＿＿＿＿＿＿＿＿等相关法律文书。

发往机关_____人民法院（公安局、监狱管理局）

        填发人

        批准人

        填发日期   年 月 日

社区矫正法律文书补齐通知书

        （ ）字第 号

_____人民法院（公安局、监狱管理局）：

你单位___年_月_日判处（宣告、裁定、决定）管制（缓刑、假释、暂予监外执行）的社区矫正对象_____，身份证号码_____，已于___年_月_日到_____报到。经查，未收到相关社区矫正法律文书（相关法律文书不齐全），根据《中华人民共和国社区矫正法》第二十条之规定，请于5日内补齐_____等相关法律文书。

联系人：   联系电话：

        （公章）

        年 月 日

任务1.2　社区矫正法律文书补齐通知书的撰写

案例 2-2

2022年3月11日，H省S市Y县法院对李某以生产、销售伪劣产品罪判处有期徒刑1年，缓刑1年。缓刑期间依法实行社区矫正，社区矫正期限从2022年4月10日起至2023年4月9日止。判决生效后，人民法院告知李某10日内到司法局报到，李某于4月15日到Y县司法局报到。经核对，社区矫正机构发现报到文书中缺少执行通知书和结案登记表。

请思考该社区矫正机构在发现法律文书不齐全时，应当怎么办？是否可以为李某办理登记接收手续？

请以【案例 2-2】为材料，制作《社区矫正法律文书补齐通知书》，实例如【样表 2-2】：

【样表 2-2】

社区矫正法律文书补齐通知书

（存根）

（2022）Y 矫补通字第 3 号

社区矫正对象<u>李某</u>，身份证号码130××××××××××××××××，<u>2022</u> 年 <u>3</u> 月 <u>11</u> 日经<u>Y</u> <u>县人民法院</u>判处缓刑。该社区矫正对象已于 <u>2022</u> 年 <u>4</u> 月 <u>15</u> 日到<u>Y 县社区矫正机构</u>报到。经查，未收到相关社区矫正法律文书（相关法律文书不齐全），根据《中华人民共和国社区矫正法》第二十条之规定，请于 5 日内补齐<u>执行通知书、结案登记表</u>等相关法律文书。

发往机关<u>Y 县人民法院</u>（公安局、监狱管理局）

填发人×××

批准人×××

填发日期2022 年 4 月 15 日

社区矫正法律文书补齐通知书

（2022）Y 矫补通字第 3 号

<u>Y 县人民法院</u>（公安局、监狱管理局）：

你单位 <u>2022</u> 年 <u>3</u> 月 <u>11</u> 日判处缓刑的社区矫正对象<u>李××</u>，身份证号码130 ××× ××××××××××，已于 <u>2022</u> 年 <u>4</u> 月 <u>15</u> 日到<u>Y 县司法局</u>报到。经查，未收到相关社区矫正法律文书（相关法律文书不齐全），根据《中华人民共和国社区矫正法》第二十条之规定，请于 5 日内补齐<u>执行通知书、结案登记表</u>等相关法律文书。

联系人：×××　联系电话：××××××××××

（公章）

2022 年 4 月 15 日

【课堂活动 2 – 1】

根据《社区矫正法》《社区矫正法实施办法》的规定，在为社区矫正对象办理接收登记环节中，发现法律文书不齐全时应该如何处理？

【技能训练——实训项目】

案例 2 – 3

社区矫正对象李某，男，1970 年 8 月出生，户籍地、居住地均为广东省××市。李某因犯受贿罪被依法判处有期徒刑 11 年，在监狱服刑期间，能够认罪悔罪，表现积极，服刑 7 年后，被法院裁定假释。居住地司法局收到了某市中级人民法院对罪犯李某予以假释的法律文书后，经检查，法律文书只有刑事判决书、起诉书副本等材料。

请思考：人民法院裁定假释时的文书材料都有哪些？针对【案例 2 – 3】出现的情况，该司法局应如何处理？并制作相应的法律文书。

任务2　社区矫正对象基本信息表的制作

社区矫正对象基本信息表是社区矫正对象报到时，由社区矫正机构根据相关法律文书，经询问核实后，如实记录社区矫正对象基本信息的表格。社区矫正对象基本信息表也是社区矫正对象重要的档案资料，有利于社区矫正工作人员全面了解和掌握矫正对象的基本情况，有针对性地对矫正对象进行监督管理和教育帮扶。本文书根据《社区矫正法》第22条以及《社区矫正法实施办法》第17条的规定制作。

任务2.1　社区矫正对象基本信息表的格式

一、文书结构

社区矫正对象基本信息表属于表格式文书，由标题、眉栏、腹栏、尾栏四部分组成。

（一）标题

该文书的标题是"社区矫正对象基本信息表"。

（二）眉栏

文书的眉栏是表头项目，包括单位、编号和填表日期。单位即××社区矫正机构，编号即档案号，是根据现行司法行政系统规定的编号方法确定的，通常由省份代码、行政区划代码、接收年份、接收月份以及顺序号组成，例如"1301052021090026"，其中"130"是省份代码，"105"是行政区划代码，"2021090026"代表2021年9月份接收的第26个社区矫正对象。

（三）腹栏

腹栏是文书的主体部分，主要包括基本情况类信息、刑事执行类信息以及社会关系类信息。

1. 基本情况类信息

基本情况类信息包括姓名、曾用名、性别、民族、身份证号、出生日期、文化程度、健康状况、政治面貌、婚姻状况、户籍地、居住地、工作单位、联系电话、个人简历等。

2. 刑事执行类信息

刑事执行类信息包括罪名、刑种、刑期、社区矫正决定机关、社区矫正执行地、原羁押场所、禁止令情况、附加刑情况、社区矫正类别、社区矫正期限、社区矫正起止日期、法律文书接收情况、矫正对象接收方式、报到情况、违法犯罪情况等。

3. 社会关系类信息

社会关系类信息包括家庭成员及主要社会关系人员的姓名、工作单位或家庭地址以及联系方式等。

（四）尾栏

尾栏是该文书的使用说明，内容通常为"注：办理接收手续（执行地变更）后，此表抄报执行地公安（分）局"。

二、制作要求

（1）关于文书中的日期，要填写到具体的年月日。

（2）关于文书中的户籍地及居住地，如果地址为农村，应填写到县、乡、村、组；如果地址为城镇，应写清小区的名称、单元和楼牌号。

（3）关于文书中罪名栏中的罪名，要以刑法条文中的具体罪名为准。不可以以刑法分则中的类罪名代替案件中的具体罪名，如不能将"抢劫罪"写为"侵犯财产罪"；也不能以犯罪行为代替罪名，如不能将"故意毁坏财物罪"写为"故意毁坏财物"。

（4）关于文书中刑期栏的填写，要以人民法院判决书中的所判刑期为准，在填写时不能随意简写，例如"有期徒刑 1 年 6 个月"，不能简写为"1.5 年"。

（5）表格式文书中，如果有的项目没有填写内容，例如"曾用名"栏，没有曾用名时，不能留白，应标注"无"或用"／"标明。

任务2.2　社区矫正对象基本信息表的撰写

案例 2-4

材料一：李某，曾用名李某某，汉族，出生于 1986 年 4 月 29 日，现为××蓝天建筑公司经理。李某在大学期间申请入党，成为入党积极分子，2009 年毕业于××职业学院。与妻子刘××、母亲康××、父亲李××共同生活在户籍地：H 省 S 市 X 区绿叶街道蓝天小区××号。

材料二：2022 年 3 月 5 日，李某因工作纠纷殴打赵某，致赵某轻伤，后因故意伤害罪被××区人民法院判处有期徒刑 7 个月，缓刑 1 年，缓刑期间为 2022 年 7 月 8 日至 2023 年 7 月 7 日。2022 年 7 月 12 日，李某在妻子陪同下来到××区司法局社区矫正科报到，经核查，法律文书材料齐全，工作人员为其办理了接收手续。

以【案例 2-4】为材料，制作李某的《社区矫正对象基本信息表》，实例如【样表 2-3】：

【样表 2-3】

社区矫正对象基本信息表

单位：××区司法局　　　编号：13010520220700026　　　填表日期：2022 年 7 月 12 日

姓名	李某	曾用名	李某某	身份证号码	130××××××××××××		一寸免冠照片
性别	男	民族	汉	出生年月日	1986 年 4 月 29 日		
文化程度	大专	健康状况	良好	原政治面貌	群众	婚姻状况	已婚

续表

户籍地	H省S市×区绿叶街道办事处蓝天小区××号			
居住地	H省S市×区绿叶街道办事处蓝天小区××号			
执行地	H省S市×区			
现工作单位（学校）	××蓝天建筑公司		联系电话	××××××××
个人联系电话	××××××××××			
罪名	故意伤害罪	刑种	有期徒刑	原判刑期 有期徒刑七个月
社区矫正决定机关	×区人民法院	原羁押场所		××看守所
禁止令内容	无	禁止期限起止日		无
附加刑判项内容	无			
矫正类别	缓刑 矫正期限	一年	起止日	自2022年7月8日至2023年7月7日
法律文书收到时间及种类	2022年7月12日收到刑事判决书、起诉书副本、执行通知书、结案登记表、接受社区矫正保证书等材料		接收方式及报到时间	自行报到 2022年7月12日
在规定时间内报到	是 超出规定时限报到	否	未报到且下落不明	否
主要犯罪事实	2022年3月5日，李某因工作纠纷殴打赵某，致赵某轻伤			
本次犯罪前的违法犯罪记录	无			

个人简历	起止时间	所在单位	职务
	2018年3月1日至今	××蓝天建筑公司	经理
	2010年6月6日至2018年2月10日	××房地产开发有限公司	职员
	2006年9月1日至2009年6月1日	××职业学院	学生

家庭成员及主要社会关系	姓名	关系	工作单位或家庭住址	联系电话
	刘某	夫妻	H省S市×区绿叶街道蓝天小区××号	186××××××××

续表

家庭成员及主要社会关系	康某	母子	H省S市×区绿叶街道蓝天小区××号	186××××××××
	李××	父子	H省S市×区绿叶街道蓝天小区××号	186××××××××
备注				

注：办理接收手续（执行地变更）后，此表抄报执行地公安（分）局。

【课堂活动2-2】

请思考并讨论：在接收矫正对象工作中，发现社区矫正对象的姓名不一致时，矫正机构应该怎么处理？

【技能训练——实训项目】

案例2-5

材料一：

H省S市C区人民法院
刑事判决书（节选）

（2021）冀0102刑初×××号

公诉机关：H省S市C区人民检察院。

被告人韩某，男，1992年6月6日出生，汉族，中专文化，河北某装饰工程有限公司法定代表人，户籍所在地H省S市L区。2020年11月24日，韩某因涉嫌侵犯公民个人信息罪被刑事拘留，同年12月9日被执行逮捕，现羁押于S市第二看守所。

S市C区人民检察院以S检刑诉【2021】×××号起诉书指控被告人韩某犯侵犯公民个人信息罪，于2021年6月9日向本院提起公诉。本院受理后，依法适用简易程序，实行独任审判，公开开庭审理了本案。S市C区人民检察院指派检察员李某某出庭支持公诉，被告人韩某到庭参加诉讼。本案现已审理终结。

……

经审理查明，2020 年 6 月份以来，被告人韩某在担任河北某装饰工程有限公司法定代表人期间，为拓展家装业务，其通过微信向他人购买某小区、某 1 小区、某 2 小区、某 3 小区、某 4 小区业主个人信息，共计 6360 条；还通过其朋友崔某、李某、张某获取某 5 小区、某 6 小区、某 7 小区、某 8 小区、某 9 小区业主个人信息，共计 2776 条，以上共计非法获取公民信息 9136 条，主要内容为业主姓名或姓氏、联系电话、房屋门牌号。韩某将非法获取的公民信息交公司员工用于联系业主询问是否需要装修。

……

本院认为，被告人韩某违反国家有关规定，非法获取公民个人信息，情节严重，其行为已构成侵犯公民个人信息罪。公诉机关指控罪名成立。被告人韩某到案后如实供述所犯罪行，系坦白，且自愿认罪，可从轻处罚。依照《中华人民共和国刑法》第二百五十三条之一、第六十七条第三款、第七十二条之规定，判决如下：

被告人韩某犯侵犯公民个人信息罪，判处有期徒刑八个月，缓刑一年，并处罚金人民币 5000 元。

（缓刑考验期限，从判决确定之日起计算。罚金已缴纳。）

如不服本判决，可在接到判决书的第二日起十日内，通过本院或者直接向河北省石家庄市中级人民法院提出上诉。书面上诉的，应当提交上诉状正本一份，副本两份。

审判员　李　某

二○二一年六月二十八日

书记员　安某某

材料二： 通过调查评估笔录等内容了解到，韩某，男，1992 年 6 月 6 日出生，汉族，中专文化，已婚，群众，身份证号为 130 ×××××××××××××××，住在河北省 S 市 L 区 ×× 小区 22-1-601，户籍地与居住地相同。2006 年

6月15日，毕业于××中等职业技术学院，2007年1月15日，注册河北某装饰工程有限公司，其为总经理。妻子赵某，为该公司职员。

2021年7月29日，韩某自行到L区司法局报到。

根据【案例2-5】所给出的材料一、二，制作一份《社区矫正对象基本信息表》。

任务3 社区矫正宣告书的制作

社区矫正宣告书是指社区矫正机构接收社区矫正对象后，组织或委托司法所向社区矫正对象宣告其犯罪事实、执行社区矫正的期限以及应当遵守的规定等内容而形成的法律文书。[1]入矫宣告是社区矫正工作第一关，制作社区矫正宣告书是为了明确社区矫正对象的权利与义务，树立社区矫正对象的纪律意识、身份意识。本文书根据《社区矫正法》第22条以及《社区矫正法实施办法》第20条的规定制作。

任务3.1 社区矫正宣告书的格式

一、文书结构

社区矫正宣告书为制式模板，属于填写式文书，共分为三部分。参见【样表2-4】。

第一部分是社区矫正对象的刑事执行信息，一般按照刑事判决书的内容填写。

第二部分是社区矫正对象的权利与义务内容以及矫正小组成员。

第三部分是文书制作日期与社区矫正对象签名。

二、制作要求

（1）社区矫正的期限按照相关法律文书中认定的日期填写，发现法律文书中认定的日期错误的，应及时与社区矫正决定机构沟通改正，以确保社区

---

〔1〕 卞增智、邹屹峰主编：《社区矫正执法文书的制作与应用》，中国法制出版社2022年版，第37页。

矫正的期限准确，维护社区矫正对象的合法权益，坚守司法为民的初心使命，时刻规范社区矫正的各项工作。

（2）社区矫正对象应在宣告完成后签字，社区矫正机构应在落款处加盖公章，之后存档。

（3）对未成年社区矫正对象的入矫宣告不公开进行。

【样表2-4】

社区矫正宣告书

社区矫正对象_____：

　　你因犯_____罪经_____人民法院于___年_月_日判处_____（同时宣告禁止_____）。___年_月_日经_____人民法院（监狱管理局、公安局）裁定假释（决定、批准暂予监外执行）。在管制（缓刑、假释、暂予监外执行）期间，依法实行社区矫正。社区矫正期限自____年_月_日起____年_月_日止。现就对你依法实施社区矫正的有关事项宣告如下：

　　一、在社区矫正期间应当遵守法律、行政法规，履行法律文书确定的义务，遵守关于报告、会客、外出、迁居、保外就医等监督管理规定，服从社区矫正机构的管理；按照规定参加社区矫正机构（受委托的司法所）组织的教育活动，参加公益活动。

　　二、如违反社区矫正监督管理规定，将视情节依法给予训诫、警告、提请公安机关予以治安管理处罚，或者依法提请撤销缓刑、撤销假释、收监执行。

　　三、依法享有的人身权利、财产权利和其他权利不受侵犯，在就业、就学和享受社会保障等方面不受歧视。

　　四、社区矫正机构（受委托的司法所）为你确立了社区矫正小组，小组成员由_____组成，协助对你进行监督管理、教育帮扶，你应积极配合。

　　特此宣告。

（公章）年　月　日

社区矫正对象（签名）：

任务3.2 社区矫正宣告书的撰写

案例2-6

王某，男，1997年9月生，户籍地及居住地均为S省J市Y区。2019年3月2日，王某因犯故意伤害罪被Y区人民法院判处有期徒刑1年2个月，缓刑2年，缓刑考验期自2019年3月26日起至2021年3月25日止。2019年3月28日，王某被执行地社区矫正机构纳入社区矫正管理。

请以【案例2-6】为材料，制作《社区矫正宣告书》，实例如【样表2-5】：

【样表2-5】

社区矫正宣告书

社区矫正对象王某：

你因犯故意伤害罪经Y区人民法院于 2019 年 3 月 2 日判处有期徒刑一年两个月，缓刑两年。在缓刑期间，依法实行社区矫正。社区矫正期限自 2019 年 3 月 26 日起 2021 年 3 月 25 日止。现就对你依法实施社区矫正的有关事项宣告如下：

一、在社区矫正期间应当遵守法律、行政法规，履行法律文书确定的义务，遵守关于报告、会客、外出、迁居、保外就医等监督管理规定，服从社区矫正机构的管理；按照规定参加社区矫正机构（受委托的司法所）组织的教育活动，参加公益活动。

二、如违反社区矫正监督管理规定，将视情节依法给予训诫、警告、提请公安机关予以治安管理处罚，或者依法提请撤销缓刑、撤销假释、收监执行。

三、依法享有的人身权利、财产权利和其他权利不受侵犯，在就业、就学和享受社会保障等方面不受歧视。

四、社区矫正机构（受委托的司法所）为你确立了社区矫正小组，小组成员由司法所所长郭某、矫正干警张某、矫正社会工作者王某、居委会干部田某以及王某的母亲贾某组成，协助对你进行监督管理、教育帮扶，你应积极配合。

特此宣告。

（公章）2019 年 3 月 28 日

社区矫正对象（签名）：王某

【课堂活动 2 –3】

请思考并讨论，根据《社区矫正法》《社区矫正法实施办法》的规定，社区矫正宣告的内容有哪些？

【技能训练——实训项目】

案例 2 –7

社区矫正对象贾某某，××运输公司汽车驾驶员。2020 年 11 月 2 日，贾某某因犯非法侵入住宅罪被 H 省 H 县人民法院判处有期徒刑 10 个月，宣告缓刑 1 年，缓刑考验期自 2020 年 12 月 3 日起至 2021 年 12 月 2 日止。2020 年 11 月 10 日，贾某某到 H 省 H 县某镇司法所报到，接受社区矫正。

以【案例 2 –7】为材料，制作一份对贾某的《社区矫正宣告书》。

任务 4　社区矫正对象矫正方案的制作

社区矫正对象矫正方案贯穿社区矫正对象整个矫正期间，是个别化矫正的有效载体，是社区矫正机构开展社区矫正工作的有力抓手和关键措施，是根据裁判内容和社区矫正对象的性别、年龄、心理特点、健康状况、犯罪原因、犯罪类型、犯罪情节、悔罪表现等情况制定的有针对性的分类管理、个别化矫正的方案。本文书目前没有固定模板，下面介绍一种司法实践中常用的格式内容，供读者和实务工作者参考。

任务4.1 社区矫正对象矫正方案的格式

一、文书结构

社区矫正对象矫正方案应当根据分类管理的要求、实施效果以及社区矫正对象的表现等情况，进行相应调整。

（一）社区矫正对象基本情况

社区矫正对象的基本情况包括个人基本信息和犯罪情况。

1. 个人基本信息

在本部分依次填写姓名、性别、出生年月、文化程度、家庭住址等内容，此部分可以参照社区矫正基本信息表的内容填写。

2. 犯罪情况

本部分主要填写判决书中认定的犯罪事实，并写明法院的判处结果和社区矫正的期限，以及矫正小组成员情况。

（二）对社区矫正对象的综合评估结果

通过社区矫正审前调查评估、入矫谈话、再犯罪风险评估、心理人格测试等，了解社区矫正对象的犯罪情况、悔罪表现、个性特征、生活环境等，综合主客观因素对矫正对象再犯罪可能性以及目前存在的问题进行分析。

（三）拟采取的监督管理、教育帮扶措施

这是社区矫正对象矫正方案的核心内容。社区矫正监督管理和教育帮扶的措施应当详细、具体、明确。对适用禁止令的社区矫正对象，应明确禁止令执行内容、监管措施。

（四）矫正目标

社区矫正的目标是促使矫正对象改变不良的心理和行为习惯，使其顺利融入社会。

二、制作要求

（1）社区矫正机构对不同类别的社区矫正对象，在矫正措施和方法上应当有所区别，有针对性地制定矫正措施，做到一人一案。

（2）社区矫正机构、受委托的司法所应当根据分类管理的要求、实施效果以及社区矫正对象的表现等情况，对矫正方案进行相应调整。

任务4.2　社区矫正对象矫正方案的撰写

🔍 案例2-8

　　社区矫正对象付某某，男，1986年12月8日出生，户籍地、居住地均为H省S市J县。2021年4月9日，付某某因交通肇事罪被S市J县人民法院判处有期徒刑十个月，缓刑一年，缓刑考验期自2021年4月9日起至2022年4月8日止。2021年4月初，S市X区司法局接到S市J县人民法院电话，告知有一名罪犯付某某虽然户籍地与经常居住地均不在S市X区，但一直在X区从事快递揽收、派送工作，为方便工作，付某某希望能够在X区执行社区矫正。X区司法局得知此事后，立即电话联系付某某了解相关情况。经与付某某谈话，实地走访，查看相关材料，X区司法局了解到，付某某户籍地、居住地均在S市J县，未婚未育，父亲早逝，母亲多病、需人照顾、几乎丧失劳动力，家中土地耕种均由付某某一人承担。付某某长期在X区从事快递揽收、派送工作，有一快递承包站点，条件简陋不具备居住条件。付某某向X区司法局表示，自己家庭经济状况较差，工资是家庭经济收入的主要部分。快递行业工作量大，全年少休，日间活动范围均处于X区范围内，能按要求随时前往司法所报到或办理矫正事项。X区距J县36公里，摩托车骑行仅需50分钟，每日往返路途短。自己将严格遵守社区矫正规定，服从司法所的监管安排，遵纪守法，完成矫正，希望X区司法局能够充分考虑他的实际情况，予以接收。根据付某某具体情况，X区司法局研究决定，遵照"最有利于矫正对象接受矫正"的要求，同意接收付某某在X区司法局进行社区矫正，并按照其申请，依法为其办理经常性跨市、县活动审批。基于付某某实际情况，司法所为其组建了由司法所负责人陈某某、社会工作者刘某某、付某某承包的快递站点区域的网格员黄某某、付某某同事杨某某组成的四人矫正小组。其中，杨某某居住于J县某村，每日与付某某共同往返，协助对付某某在往返途中进行监管。

　　请以【案例2-8】为材料，制作《社区矫正对象矫正方案》，实例如

【样表 2 –6】：

【样表 2 –6】

社区矫正对象矫正方案

矫正单位：X 区司法局　　矫正责任人：X 区司法局　　制定时间：2021 年 4 月 9 日

姓名	付某某	性别	男	出生日期	1986 年 12 月 8 日	文化程度	初中
居住地	J 县南×村 4 组 16 号			罪名	交通肇事罪	原判刑期	10 个月
矫正类别	缓刑	矫正期限	1 年	起止日	自 2021 年 4 月 9 日起 至 2022 年 4 月 8 日止		
矫正小组成员组成及变动情况	陈某某、刘某某、黄某某、杨某某						
犯罪情况、悔罪表现、个性特征生活环境风险的综合评估情况	从再犯罪的客观条件来说，付某某有经济收入，可以自力更生，所以促使其犯罪的客观因素较小。从再犯罪的主观条件上看，付某某曾犯交通肇事罪，属于过失犯罪，社会危害性较小，且入矫后能认罪服法，所以从主观上看，付某某再犯罪的可能性也较小。通过对付某某进行社区矫正风险评估，其再犯风险较低。						
初期矫正措施	1. 管理等级为严管，每周向司法所口头或电话报告一次，每两周向司法所提交书面汇报一次，以了解付某某日常动态。 2. 付某某每月参加集中劳动、集中学习一次。 3. 矫正小组每月组织开展走访最少一次，重点对付某某的居住地进行走访，了解其返回 J 县老家后的状况。 4. 为付某某办理了经常跨市、县活动审批工作，准许付某某在 S 市正常生产生活范围内与 J 县之间流动，同时要求付某某做好每日早晚定位签到，司法所加强日常位置信息核查和节假日报告工作，并向 J 县司法局发送协助监管函。						
矫正目标及中期矫正措施	促使付某某遵纪守法，顺利融入社会。						

【课堂活动 2-4】

张某等 3 名未成年人因一时冲动误入歧途，走上犯罪道路，2021 年被法院判处缓刑后在 S 市 W 县接受社区矫正。张某等 3 人自涉嫌犯罪被刑拘以来，一直处于辍学状态。请思考并讨论，为未成年矫正对象制作矫正方案，应注意哪些问题？

【技能训练——实训项目】

案例 2-9

蔡某某，男，1963 年 2 月出生，已婚，初中文化，户籍地居住地均为 S 市 Q 区。现为个体工商户，有嗜酒不良习惯，酒后情绪易激动，自控能力差，有过多次违法记录。2009 年 5 月，蔡某某因嫖娼行为被 S 市××公安分局行政拘留十日；2018 年 9 月，其又因故意伤害行为被 S 市××公安分局行政拘留三日。2019 年 11 月 14 日，蔡某某因故意伤害罪被 S 市 Q 区人民法院依法判处有期徒刑一年，缓刑一年，缓刑考验期自 2019 年 11 月 30 日起至 2020 年 11 月 29 日止，执行地司法所于 2019 年 12 月 13 日对其宣告纳管。

社区矫正对象蔡某某是离异后再婚，与前妻育有一子，与现任妻子育有一子；现任妻子因躲避赌债而长期居住生活在外地，夫妻俩长期处于两地分居状态；小儿子目前在 S 市 J 区上学（寄宿），只有学校放假才偶尔回来；其父母因年纪较大，居住在 J 区其他街镇。蔡某某因长期独自居住生活，与妻子长期分居，感情淡漠，与儿子沟通不多，导致其亲子关系比较疏离。并且其又嗜酒，长期与酒友厮混在一起，社交圈有不良人员，存在一定的不稳定因素。矫正小组成员对蔡某某个人和家庭的实际情况进行分析评估后，认为其存在以下问题和帮扶需求：①表面上看起来大大咧咧，但内心脆弱，缺乏自信，易受不良朋辈群体的影响。②法治意识淡薄，认为吵架无伤大雅，存在一定的侥幸心理。③嗜酒，且酒后自我控制行为的能力差，存在一定的安全隐患。④夫妻长期两地分居，情感沟通较少，平时缺少家人关心，郁闷情绪不能及时得到舒缓，家庭支持系统较差，希望与妻子加强沟通，改善夫妻关系和亲子关系。

请根据以上案例，制作一份《社区矫正对象矫正方案》，矫正措施应当具体可行。

任务5　法定不批准出境人员通报备案通知书的制作

党的二十大报告指出，要"全面准确落实司法责任制，加快建设公正高效权威的社会主义司法制度，努力让人民群众在每一个司法案件中感受到公平正义。"在工作中，要认真落实法定不批准出境人员通报备案制度，切实做好对社区矫正对象的监管工作，同时要细化工作措施，加强与公、检、法的衔接配合，进一步强化对社区矫正对象的管理，防止违法出境、脱管和漏管现象发生，推动社区矫正工作规范、有序开展。

法定不批准出境人员通报备案通知书是由社区矫正机构呈报有关机关进行审批以限制社区矫正对象出境的表格式执法文书。执行地县级社区矫正机构自社区矫正对象入矫报到之日起5日内，向同级公安机关进行不准出境通报备案。社区矫正机构与公安机关密切配合，及时联动，通过建立社区矫正对象限制出境防范机制，强化了社区矫正监管力度，堵塞了矫正工作衔接漏洞，有效杜绝了社区矫正对象非法出境，脱、漏管现象的发生。本文书目前没有统一固定模板，下面介绍一种司法实践中常用的格式内容，供读者和实务工作者参考。

任务5.1　法定不批准出境人员通报备案通知书的格式

一、文书结构

法定不批准出境人员通报备案通知书属于表格式文书，共分为三个部分。

（一）社区矫正对象的基本信息

本部分主要包括姓名、曾用名、性别、民族、出生地、出生日期、文化程度、婚姻状况、身份证号、出入境证件名称及号码、工作单位、工作单位电话、现住址、户口所在地、个人电话、照片等内容。

（二）通报备案相关信息

本部分主要包括通报备案期限、是否受控、通报备案事由及法律依据、通报备案意见。通报备案期限即社区矫正期限，通报备案事由及法律依据参考人民法院判决的内容填写。

（三）文书制作单位

本部分主要包括联系单位、联系电话、联系人以及文书制作日期。

二、制作要求

（1）时限要求。社区矫正机构应当自社区矫正对象入矫报到之日起 5 日内，向同级公安机关进行不准出境通报备案。

（2）对于持有出入境证件的社区矫正对象。社区矫正机构应当自知道社区矫正对象持有出入境证件之日起 5 日内报至市级社区矫正机构，并及时转报至省级社区矫正机构，由省级社区矫正机构办理边控交控手续。

（3）对于持有出入境证件的社区矫正对象，执行地县级社区矫正机构还应制作不准出境决定书。参考【样表 2－7】：

【样表 2－7】

××市××区司法局不准出境决定书

（ ）×司限出字第××号

×××：

你因犯　寻衅滋事　罪，被　××市××区　人民法院判处　有期徒刑两年　，缓刑　两年　，缓刑考验期　至2023 年 3 月 2 日　，根据《中华人民共和国出境入境管理法》第十二条第二项〔《中华人民共和国出境入境管理法》第二十八条第一项（适用于外国人）〕之规定，决定缓刑考验期内不准你出境。

××市××区司法局
2021 年 4 月 9 日

任务5.2　法定不批准出境人员通报备案通知书的撰写

案例2－10

郭某，男，1997年10月8日出生，户籍地、居住地均为H省S市Y区平安苑小区××号。2021年12月，郭某因犯盗窃罪被S市Y区人民法院判处有期徒刑一年，缓刑两年，缓刑考验期自2021年12月29日起至2023年12月28日止。2021年12月28日，郭某到Y区司法局报到，由居住地司法所负责对其社区矫正期间日常管理。经查，郭某持有往来港澳通行证，证件号码为C844×××××。

请以【案例2－10】为材料，制作《法定不批准出境人员通报备案通知书》，实例如【样表2－8】：

【样表2－8】

法定不批准出境人员通报备案通知书

编号：2022年第2号

姓名	郭某	曾用名	无	性别	男	民族	汉	
出生地	H省S市Y区		出生日期		1997年10月8日			照片
文化程度	高中	婚姻状况	未婚	身份证号	130××××××××××××××××××			
出入境证件名称及号码		C844×××××						
工作单位	无					电话	无	
现住址	Y区平安苑小区××号					电话	××××××××××	
户口所在地	H省S市Y区平安苑小区××号							
通报备案期限	2021年12月29日至2023年12月28日		是否受控（是）			自动撤控（　）		

续表

通报备案事由和法律依据	郭某犯盗窃罪 H省S市Y区人民法院（2021）冀×××刑初××号判决书 有期徒刑一年，缓刑二年		
通报备案机关意见			
联系单位	Y区司法局	联系电话及区号	××××—××××××××
联系人	×××、×××	填表日期	2022年1月4日

【课堂活动2-5】

请思考并讨论，如果社区矫正对象持有出入境证件，那么社区矫正机构应该如何处理呢？

【技能训练——实训项目】

案例2-11

黄某某，女，1984年12月出生，已婚，文化程度未达初中水平，无业，户籍地与居住地均为H省S市Q区花园街和盛小区××号，与丈夫育有一儿一女，大女儿在读初中，小儿子尚未入学。2020年4月，黄某某因犯开设赌场罪被H省S市Q区人民法院判处有期徒刑二年三个月，缓刑二年八个月，缓刑考验期自2020年4月21日起至2022年12月20日止。2020年5月9日，黄某某到Q区司法局报到，由××司法所负责对其社区矫正期间日常管理。经查，黄某某持有出入境证件，护照号码为EA×××××××。

请根据以上案例，制作一份《法定不批准出境人员通报备案通知书》。

任务6 社区矫正对象报到情况通知单的制作

社区矫正对象报到情况通知单是社区矫正对象完成报到后，执行地县级社区矫正机构将矫正对象报到情况及时告知公检法监等部门的法律文书。本文书既是社区矫正机构对矫正对象进行监督管理的依据之一，又是人民法院、人民检察院、公安机关、监狱等部门与社区矫正机构刑事执行信息共享的基础。本文书尚没有统一固定模板，下面介绍一种司法实践中常用的格式内容，供读者和实务工作者参考。

任务6.1　社区矫正对象报到情况通知单的格式

一、文书结构

（一）文书制作单位

社区矫正对象报到情况通知单的制作单位为执行地县级社区矫正机构。

（二）文书基本内容

社区矫正对象报到情况通知单的内容包括社区矫正对象的姓名、性别、身份证号、社区矫正决定机关、判决（裁定、决定）时间、裁判（裁定、决定）文书字号、矫正类别、报到时限、超期报到情况、下落不明情况、居住地隶属派出所等。

二、制作要求

（1）社区矫正对象报到情况通知单一式四份，县级社区矫正机构留存一份、人民法院一份、人民检察院一份、公安机关（监狱、看守所）一份。

（2）文书应加盖社区矫正机构公章。

任务6.2　社区矫正对象报到情况通知单的撰写

案例2-12

李某，男，1988年11月15日出生，住H省S市Y区××公寓××号。2021年10月，李某因犯伪造国家机关证件罪被H省S市Y区人民法院判处有期徒刑六个月，缓刑一年，并处罚金人民币5000元，社区矫正期间自2021年11月6日起至2022年11月5日止。2021年11月10日，郭某到Y区司法局报到，由××街道司法所负责对其社区矫正期间日常管理。

请以【案例2-12】为材料，制作一份《社区矫正对象报到情况通知单》，实例如【样表 2-9】：

【样表 2-9】

社区矫正对象报到情况通知单

单位：S 市 Y 区司法局（公章）　　　　　　　　　　　2021 年 11 月 10 日

姓名	性别	罪名	社区矫正决定机关	裁判文书号及裁判时间	矫正类别	规定报到时限	已在规定时限报到	超出规定时限报到	未报到或下落不明
李某	男	伪造国家机关证件罪	S 市 Y 区人民法院	（2021）冀××××刑初××号，2021 年 10 月 13 日	缓刑	人民法院判决、裁定生效之日起 10 日内或离开监所之日起 10 日内	是	否	否

身份证号	×××××××××××××××××	手机号码	×××××××××××	现住址	Y 区××公寓××号
居住地隶属派出所	××区××派出所				
备注					

注：送＿＿＿＿人民法院，抄报＿＿＿＿人民检察院、＿＿＿＿公安（分）局、＿＿＿＿监狱（看守所）

【课堂活动 2-6】

　　根据《社区矫正法》《社区矫正法实施办法》的规定，社区矫正对象应在何时到社区矫正机构报到？社区矫正机构应如何处理社区矫正对象未在规定期限内报到的问题？

【技能训练——实训项目】

案例 2-13

　　张某因交通肇事罪被××人民法院判处拘役一个月，缓刑两个月，并处罚金 2000 元。根据人民法院执行通知书的要求，张某本应在 2022 年 5 月 9 日判决生效之日起 10 日内到××司法局报到，接受社区矫正，然而张某超期 1 个月仍未报到，并多次拉黑司法局工作人员电话。工作人员来到张某家走访，张某仍拒绝参加社区矫正。

根请据【案例 2 - 13】所给出的材料，制作一份《社区矫正对象报到情况通知单》。

任务7　社区矫正对象未报到通知书的制作

社区矫正对象未报到通知书是社区矫正机构通知社区矫正决定机关，社区矫正对象在法院判决生效后未在规定时间内到社区矫正机构报到情况的法律文书。根据《社区矫正法》第 21 条第 1 款的规定，人民法院判处管制、宣告缓刑、裁定假释的社区矫正对象，应当自判决、裁定生效之日起十日内到执行地社区矫正机构报到。本文书尚没有统一固定模板，下面介绍一种司法实践中常用的格式内容，供读者和实务工作者参考。

任务7.1　社区矫正对象未报到通知书的格式

一、文书结构

社区矫正对象未报到通知书属于填写式文书，共分为三联。第一联是存根联，第二联是正本，第三联是回执联。

（一）第一联

第一联是存根联，由社区矫正机构留存备查。主要内容是收文单位名称、社区矫正对象的姓名、未报到情况以及社区矫正机构落款。

（二）第二联

第二联是正本，发给作出判决的原审人民法院。

（三）第三联

第三联是回执联。人民法院在收到社区矫正对象未报到通知书后填写本联，寄发给社区矫正机构。

二、制作要求

（1）社区矫正对象未报到通知书中的收文单位是作出判决的原审人民法

院，填写时要与判决书中的信息进行核对。

（2）社区矫正对象未报到通知书为三联式文书，除每一联的落款处加盖公章外，还应该在每联之间加盖骑缝章。

任务7.2　社区矫正对象未报到通知书的撰写

案例2-14

社区矫正对象赵某某，因犯危险驾驶罪，被H省S市C区人民法院判处拘役二个月，缓刑三个月，并处罚金人民币8000元。按《社区矫正法》的规定，赵某某应自刑事判决书发生法律效力起十天内到执行地社区矫正机构报到，但赵某某未按法律规定按时到执行地社区矫正机构报到，已处于脱管状态。赵某某的刑事判决书信息如下：（2021）冀×××刑初×××号，判决日期为2021年10月16日。

请以【案例2-14】为材料，制作《社区矫正对象未报到通知书》，实例如【样表2-10】：

【样表2-10】

社区矫正对象未报到通知书

（存根）

2021年第（226）号

C区人民法院：

社区矫正对象赵某某，身份证号×××××××××××××××××××。我局已于2021年10月20日收到你院寄发的判决书、执行通知书等法律文书，赵某某在2021年10月16日至2021年10月26日期间未到我局报到。

S市C区司法局（公章）

2021年10月29日

社区矫正对象未报到通知书

2021 年第（226）号

C 区人民法院：

　　社区矫正对象<u>赵某某</u>，身份证号<u>×××××××××××××××××××</u>。我局已于<u>2021 年 10 月 20 日</u>收到你院寄发的<u>判决书、执行通知书等法律文书</u>，<u>赵某某在</u><u>2021 年 10 月 16 日至 2021 年 10 月 26 日期间未到我局报到。</u>

S 市 C 区司法局（公章）

2021 年 10 月 29 日

社区矫正对象未报到通知书

（回执）

2021 年第（226）号

C 区司法局：

　　社区矫正对象<u>赵某某</u>，身份证号<u>××××××××××××××××</u>。我院已于<u>2021 年 10</u><u>月 29 日</u>收到你局寄发的社区矫正对象未报到通知书。

S 市 C 区人民法院（公章）

2021 年 10 月 30 日

【**课堂活动 2-7**】

　　彭某因犯危险驾驶罪被判处拘役一个月，缓刑三个月。在法院判决生效后，其不主动到执行地司法局报到并接受社区矫正，执行地司法局和公安部门多次联合组织查找未果，报到逾期超过一个月。请思考并讨论，社区矫正机构应该如何处理？

【技能训练——实训项目】

🔍 **案例 2-15**

　　1950 年出生的曹某某，因犯非法种植毒品原植物罪，于 2020 年 10 月被 H 省 S 市 S 区人民法院依法判处有期徒刑一年六个月，缓刑二年，缓刑考验期自 2020 年 10 月 26 日起至 2022 年 10 月 25 日止。因其在广西女儿家中生活，迟迟未返回 S 县至社区矫正机构报到，2021 年 3 月，S 县司法局提请 S 县人民法院对其撤销缓刑收监执行。

　　请根据【案例 2-15】所给材料，制作《社区矫正对象未报到通知书》。

【思考题】

　　1. 社区矫正机构在社区矫正交付接收中，有哪些典型的工作任务？
　　2. 社区矫正小组可以由哪些人员组成？

拓展 学习

巧用移民局 APP　浙江省永康市司法局破解出境证件暂管收缴难题[1]

　　《中华人民共和国社区矫正法》虽然没有社区矫正对象不准出境的规定，但从监督管理的工作需要看，应当禁止社区矫正对象出境。同时《出入境管理法》第 12 条、第 28 条规定，中国公民和外国人被判处刑罚尚未执行完毕或者属于刑事案件被告人、犯罪嫌疑人的，不准出境。社区矫正对象在矫正期间属于刑罚尚未执行完毕的情形，应当禁止出境。为防止社区矫正对象违法出境现象的发生，及时做好社区矫正对象的护照（通行证）暂为保管和出境报备工作至关重要。

　　过去对社区矫正对象持有护照（通行证）的情况掌握，主要依赖于其本人的自主报告。新接收的社区矫正对象在办理入矫手续时，工作人员询问其

---

　　〔1〕柯曙光："巧用移民局 APP　浙江省永康市司法局破解出境证件暂管收缴难题"，社区矫正宣传网，http://www.chjzxc.com/index/index/page.html? id=17987，最后访问时间：2022 年 10 月 20 日。

是否有办理出国（境）证件，已办理的，由社区矫正机构进行暂为保管，直至解除、终止社区矫正；对遗失或损毁无法上交证件的，及时通报公安机关并督促其去办理作废手续。社区矫正机构完成入矫接收手续后，向公安机关出入境管理部门办理限制出境报备手续。

但上述方法存在监管漏洞：对社区矫正对象的证件持有情况，主要靠矫正对象本人自主报告和对其口头询问核实，说有，就进行暂管；说没有，就当没有处理。如果矫正对象刻意隐瞒或记忆不清就不能完全知晓其持有护照（通行证）的真实情况，存在极大的脱管出境隐患。

2022年5月开始，浙江省永康市司法局社区矫正执法大队对社区矫正对象的禁止出境管理工作进行了重新梳理与全面排查。

一是加强对在矫对象排查。执法大队要求各司法所对所有在矫对象的护照（通行证）持有情况进行全面摸底排查。要求在矫对象在司法所当场用其本人手机下载"移民局"APP或使用"移民局"小程序实时查询个人护照（通行证）的持有情况。查询结果与先前自报不符的，按照最新查询情况追加暂管，遗失的要求其本人尽快去公安出入境部门办理作废手续，并跟踪到底。目前共排查出7人与自报不符，司法所视情况做出了相应处理，彻底堵住了因隐瞒真实情况或记忆不清而产生的监管漏洞。

二是做好入矫时护照（通行证）核查。矫正中心要求每名新入矫对象本人当场通过"移民局"APP或"移民局"小程序自查证件持有情况，工作人员做好监督并截图存档，根据查询结果对护照（通行证）实行精准暂管，遗失的及时宣告作废，彻底把好入矫核查关。

三是及时完成报备手续。与公安机关出入境管理部门对接，入矫时即用浙政钉将报备信息发送给出入境管理部门，充分发挥数据共享与协同治理作用，确保报备工作无死角无盲区，全方位构筑防止社区矫正对象违法出境的"防护网"。

项目三

社区矫正监督管理工作文书制作

学习目标

知识目标：掌握社区矫正监督管理工作文书制作的相关知识；

能力目标：具备制作社区矫正监督管理工作各类法律文书的基本能力；

素质目标：具备严格执法、规范执法的法治意识，具备履职尽责、勇于创新的职业精神。

知识树

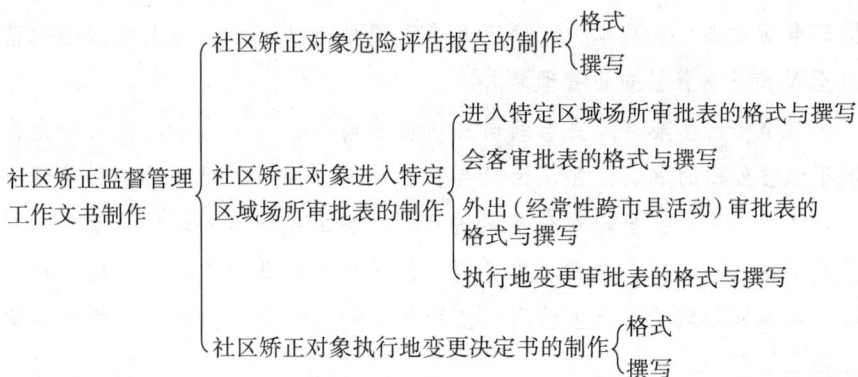

社区矫正监督管理工作文书制作
- 社区矫正对象危险评估报告的制作
  - 格式
  - 撰写
- 社区矫正对象进入特定区域场所审批表的制作
  - 进入特定区域场所审批表的格式与撰写
  - 会客审批表的格式与撰写
  - 外出（经常性跨市县活动）审批表的格式与撰写
  - 执行地变更审批表的格式与撰写
- 社区矫正对象执行地变更决定书的制作
  - 格式
  - 撰写

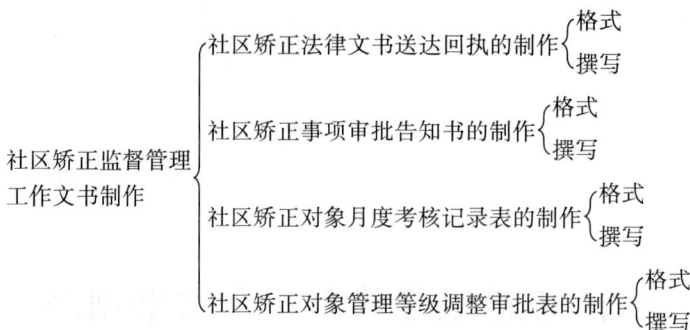

社区矫正监督管理
工作文书制作
├── 社区矫正法律文书送达回执的制作 ┬ 格式
│   └ 撰写
├── 社区矫正事项审批告知书的制作 ┬ 格式
│   └ 撰写
├── 社区矫正对象月度考核记录表的制作 ┬ 格式
│   └ 撰写
└── 社区矫正对象管理等级调整审批表的制作 ┬ 格式
                                          └ 撰写

案例 3－1[1]

社区矫正对象蔡某某，男，1997 年 11 月出生，户籍地、居住地均为 H 省 Y 市 S 区。2021 年 4 月，蔡某某因犯故意伤害罪被 H 省 C 市 D 区人民法院判处有期徒刑十个月，缓刑一年，缓刑考验期为 2021 年 5 月 11 日至 2022 年 5 月 10 日。蔡某某于 5 月 11 日到 Y 市 S 区司法局社区矫正中心报到，由执行地司法所负责日常监督管理。在矫正期间对社区矫正对象依法实施监督管理情况如下：

一、发现、认定行为情况

2021 年 6 月 17 日，司法所工作人员在 H 省智慧矫正一体化平台进行日常管理时发现，蔡某某手机 APP 签到地址为 H 省 C 市 A 区，显示越界，工作人员立即电话联系蔡某某本人，确定其未请假外出情况后，马上将该违规情况上报至 Y 市 S 区社区矫正管理局。

当日下午，蔡某某按要求到司法所接受询问。他承认自己在未经允许的情况下私自外出的事实，并认为只要当日往返，且用手机按时签到就没有问题。司法所工作人员当即对蔡某某进行了严厉的批评教育。据了解，蔡某某之前长期在 C 市务工，文化程度不高，法治意识淡薄，因年轻气盛，冲动而犯罪，在入矫初期不按时主动到司法所报到和参加学习，对其监管有一定难

---

〔1〕"社区矫正监督管理案例——湖南省益阳市赫山区对缓刑社区矫正对象蔡某某依法给予警告案例"，中国法律服务网司法行政（法律服务）案例库，http://alk.12348.gov.cn/Detail？dbID＝81&dbName＝SJJDGL&sysID＝1411，最后访问时间：2022 年 8 月 30 日。

度。为此，司法所专门对蔡某某开展了批评教育。区社矫正管理局工作人员通过智慧矫正一体化平台查看其行为轨迹，发现其在矫正期内，共存在两次未向司法所请假外出的情况。

二、给予警告情况

鉴于蔡某某接受矫正的表现和两次违规的事实，6 月 21 日，Y 市 S 区社区矫正管理局根据《社区矫正法》第二十八条以及《社区矫正法实施办法》第三十五条规定，经集体评议，决定给予蔡某某警告一次，并出具了《违反社区矫正规定警告决定书》。

三、文书送达情况

6 月 22 日上午，工作人员将书面警告决定书向蔡某某进行了宣读和送达。蔡某某对其违反社区矫正监督管理规定的事实和被给予警告处分的决定无异议，当场接收文书并在送达回证上签字。

四、警告的效果

6 月 22 日下午，司法所工作人员对蔡某某进行了一次谈话教育，工作人员重申了《社区矫正法》《社区矫正法实施办法》的相关规定，要求蔡某某积极配合监管工作，严格遵循监管规定与要求，告诫其受到警告后，如不知悔改，再有违反社区矫正管理规定的行为，还将受到相应的处罚。通过教育，蔡某某表示认识到了自身的错误，并保证在今后的矫正期间认真遵守法律法规和有关监管规定，同时上交了检讨书和保证书。

五、矫正方案的调整情况

针对蔡某某的违规情况，司法所召开矫正小组会议，小组成员一致同意对其矫正方案进行调整：①加强法治教育，提升法律意识；②加强心理疏导，改善心理健康水平；③做好家人的思想工作，争取其家人对社区矫正工作的支持与配合。新的矫正方案实施后，蔡某某的法律意识明显提高，配合教育改造的态度明显改善。

【案例注解】

根据《社区矫正法》第 23 条规定，社区矫正对象在社区矫正期间应当遵守法律、行政法规，履行判决、裁定、暂予监外执行决定等法律文书确定的义务，遵守国务院司法行政部门关于报告、会客、外出、迁居、保外就医等监督管理规定，服从社区矫正机构的管理。

党的二十大报告指出："法治政府建设是全面依法治国的重点任务和主体工程。……深化行政执法体制改革，全面推进严格规范公正文明执法，加大关系群众切身利益的重点领域执法力度，完善行政执法程序，健全行政裁量基准。强化行政执法监督机制和能力建设，严格落实行政执法责任制和责任追究制度。完善基层综合执法体制机制。""高质量发展是全面建设社会主义现代化国家的首要任务。"党的二十大报告在谋划"坚持全面依法治国，推进法治中国建设"的新格局时，充分体现以人民为中心的法治观，而高质量发展是确保现代化建设能不断满足人民对美好生活需要的根本支撑。高质量发展是以安全为前提的发展，在百年变局的今天，要统筹发展和安全实现重要产业基础，设施战略资源，重大科技等关键领域安全可控，完善防范和化解重大风险的制度和政策。为稳定社会秩序，防止社区矫正对象重新走上违法犯罪的道路，需要对其进行严格的监督管理。

社区矫正监督管理是社区矫正工作的基本任务之一，对社区矫正对象的监督管理是社区矫正刑事执行的重要方式，其既是刑事执行的必然要求，也是对矫正对象开展教育帮扶的前提和基础，更是维护社区安全、预防社区矫正对象重新违法犯罪的前提和保障。社区矫正对象如果不接受社区矫正机构的监督管理，不按照监督管理规定参加矫正活动，必然会受到法律的严惩。案例中的蔡某某在社区矫正期间，在未向司法所申请并经同意的情况下，多次违规私自离开监管区域范围，其在思想上存在懈怠问题，心理上抱有侥幸心态，最终导致自己被依法给予警告处罚。

任务1　社区矫正对象危险评估报告的制作

社区矫正对象危险评估报告是运用一定的方法，将收集到的与社区矫正对象相关信息资料进行整理、分析后，撰写完成的。目前，我国社区矫正对象危险评估工作还处于摸索阶段，危险评估的标准、工具仍在不断完善中。尽管《社区矫正法》《社区矫正法实施办法》对此有所规定，但危险评估的方法和标准尚需明确。本书结合各地实践中的探索经验，对社区矫正对象危险评估报告设计如下：

任务1.1　社区矫正对象危险评估报告的格式

一、文书结构

社区矫正对象危险评估报告主要由以下六部分内容组成：

（一）危险评估的类型

类型可分为入矫前评估、入矫后评估、解矫前评估。

（二）社区矫正对象基本情况

该部分内容主要包括三类：

1. 社区矫正对象的基本信息

主要包括：姓名、性别、年龄、民族、宗教信仰、文化程度、健康情况等方面。

2. 社区矫正对象的家庭情况

主要包括：家庭模式、婚姻状况、家庭关系、家庭经济状态、家庭居住情况、家庭结构等方面。

3. 社区矫正对象的其他情况

主要包括：个人经历、经济状况（生活状况）、人格特点、法律意识、人际关系、一贯表现（行为习惯）、被捕前职业、入矫后的就业情况等方面。

（三）社区矫正对象犯罪情况

依次写明其罪名、原判刑期、矫正类别、矫正起止日期，并依据调查结果写清犯罪原因、犯罪类型、主观恶性、犯罪事实及危害后果、有无前科记录、犯罪过程中以及犯罪后的表现。

（四）对判决和矫正的态度

根据具体情况分别写明社区矫正对象对判决的态度、对矫正的态度以及矫正后的表现。

（五）综合状态的评估

采取查阅案卷、心理测试、结构性谈话、综合分析等方法进行评估分析，划分出社区矫正对象的危险等级。

（六）提出分类矫正的建议

根据收集整理的材料和测评结果，提出分类矫正和个案矫正方案的建议。

二、制作要求

（1）司法实践中，进行危险评估的方法主要有定性法、定量法、定性与定量相结合法、统计法、临床法和以统计为主、临床为辅的评估方法等；当前部分省市探索科学化的社区矫正手段，以开展再犯罪危险专业评估。如天津依托"打开心墙"——天津市社区矫正对象风险评估与心理矫正系统，对新入矫社区矫正对象进行三项专业测试，测试其悔罪意识与服法态度、犯罪人格及犯罪心理，由心理学专业人士对三方面数据进行综合分析，评估社区矫正对象的再犯罪可能性并打分，最终判断其社会危害程度与再犯罪风险等级（分别实施严管、一般监管、宽管）。[1]

（2）如进行危险评估测评，测试前工作人员要引导社区矫正对象真实地表达内心想法，进而获得具有较高参考价值的测量结果。

（3）测评项目结果的真实性应通过社区矫正对象的家庭成员、村（居）委会负责人、邻居、同事等进行核实。

（4）确定危险等级。危险评估小组成员应对收集到的信息资料和测评结果进行筛选、整理和分析，据此确定社区矫正对象的危险等级，危险等级一般分为高、中、低三个等级，其等级应由小组成员共同讨论决定。

（5）确定和调整管理等级。社区矫正机构或受委托的司法所应当根据社区矫正对象的危险评估等级，结合其犯罪性质、危害程度等，确定其管理等级，并出具评估报告，提出有针对性的矫正意见。管理等级一般分为宽管、普管、严管三个等级。入矫后进行动态危险评估，若矫正对象的情况出现较大变化时，需要再次进行危险评估，根据具体情况调整其危险和管理等级。

（6）保密要求。除依法在法律文书中予以说明的危险评估有关情况外，社区矫正机构及其工作人员对危险评估意见书及调查中涉及的国家秘密、商业秘密、个人隐私等信息，应当保密，不应泄露。

---

〔1〕 范振京："探索社区矫正'心'经"，载《人民调解》2022年第2期。

【课堂活动 3 - 1】

请查阅资料，了解国外社区矫正对象危险评估的方法，你认为哪种方法效果较好、易于操作？

任务1.2 社区矫正对象危险评估报告的撰写

案例 3 - 2

刘某，男，2000 年 6 月出生，户籍地、居住地均为 H 省 S 市 A 县，因犯故意伤害罪于 2022 年 2 月被 S 市 A 县人民法院判处有期徒刑六个月，缓刑一年，缓刑考验期自 2022 年 2 月 20 日至 2023 年 2 月 19 日，刘某于 2022 年 2 月 25 日至 S 市 A 县社区矫正机构办理报到手续，由执行地司法所对其进行日常监管教育。

刘某从小在 A 县长大，其父亲整日酗酒赌博，对刘某母子二人实施打骂。刘母因无法忍受丈夫对自己和儿子的打骂，与其父协议离婚。父母离婚时，刘某尚读初中，家庭环境的破碎，致使刘某性格上沉默寡言，情绪上极不稳定、易冲动。高中毕业后，刘某因没有考上理想的大学便进入社会参加工作，对法律知识的学习和掌握有限。其母没有固定收入，刘某在 A 县某快递公司上班，行业竞争激烈，工作生活压力大。刘某因家庭变故，性格内向且偏激，遇事易冲动，步入社会后生活工作压力大，加上案发前喝了点酒，导致事态失控、构成犯罪。刘某因犯罪丢失了工作，脱离了原来的朋友圈，又难以获得他人信任建立新的交往圈子，一时缺乏社会归属感，且在思想上无法认同自己，终日沉默寡言、萎靡不振，不愿与人交流，与邻居、朋友等关系一般。刘某终日无所事事，经济拮据，性情焦躁，经常对母亲大发脾气。

刘某入矫报到时，表面上听从司法所工作人员的管理，但从心理上没有完全重视目前身份变化，缺乏接受社区矫正的意识。认为自己的行为就是一般的打架纠纷，罪行不严重，法院都没有让自己去监狱服刑，不愿意接受社区矫正，表现出明显的抵触情绪，在接受社区矫正初期，无论报告还是学习期间，每次都戴好帽子口罩，将自己捂得严严实实，不愿与司法所工作人员沟通。2022 年 5 月，刘某在朋友圈中发布多条信息，内容大体为情绪非常低落，经济拮据，拒绝交流，甚至有自我放弃的想法。

请以【案例 3 - 2】为材料，制作《社区矫正对象危险评估报告》，实例如【样表 3 - 1】：

【样表 3 - 1】

关于刘某的危险评估报告（入矫后评估）

一、基本情况

刘某，男，22 岁，2000 年 6 月出生，汉族，未婚，高中文化，身体健康。父母离异，单亲家庭，与母同住，其母没有固定收入，家庭经济拮据。刘母因无法忍受丈夫整日酗酒赌博和对自己、儿子的家暴，在刘某初中时离了婚。家庭环境的破碎，致使刘某沉默寡言，性格内向且偏激，遇事易冲动。刘某因犯罪丢失了在快递公司的工作，终日沉默寡言、萎靡不振，没有工作，也不愿与人交流，与邻居、朋友等关系一般，经常对母亲大发脾气。近来，刘某情绪非常低落，拒绝交流，甚至有自我放弃的想法和表现。

二、犯罪情况

刘某在面馆内与同事一起吃饭时因琐事发生口角，随后刘某持啤酒瓶将同事的头部打伤。刘某因家庭变故，性格内向且偏激，遇事易冲动，步入社会后生活工作压力大，加上案发前喝了点酒，因同事的几句玩笑导致事态失控，最终犯罪。犯罪类型虽属于暴力型犯罪，但案发后刘某主动投案，并如实供述其罪行，积极赔偿被害人并取得其谅解。因此，其主观恶性并不大，最终以故意伤害罪被判处有期徒刑六个月，缓刑一年，缓刑考验期自 2022 年 2 月 20 日至 2023 年 2 月 19 日。无前科记录。

三、对判决和矫正的态度

刘某对判决结果没有异议，但对接受社区矫正有抵触情绪，认为自己罪行轻微，不愿意接受社区矫正，在矫正过程中，不愿与司法所工作人员沟通。刘某表面上听从司法所工作人员的管理，但从心理上没有完全重视目前身份变化，缺乏接受社区矫正的意识。

四、综合状态的评估

司法所对刘某开展了心理测评，测评结果显示其内心焦虑、重度抑郁。结合收集到的相关信息资料，危险评估小组成员共同商讨，确定刘某的危险等级为高风险类。

五、分类矫正的建议

根据以上资料和评估结果，建议将刘某纳入分类管理的严管等级，落实相应的监管措施。本着"以人为本"的原则，制定个性化矫正方案，主要内容包括：

1. 开展心理辅导，帮助其释放不良情绪，重拾生活信心，恢复心理健康，正确面对处境和困难；

2. 严格落实管理制度，引导其牢固树立身份意识，加强法治教育，遵守社区矫正监管规定；

3. 定期开展一对一谈话教育，及时了解其家庭、生活、思想变化，根据具体情况适时调整矫正方案；

4. 开展职业技能培训和创业指导，依靠社会力量，寻找资源，解决温饱，协助其顺利走出生活困境。

危险评估小组签名：×××　×××　×××

2022 年 5 月 23 日

【技能训练——实训项目】

案例 3-3

一、基本案情

赵某，男，1988 年 1 月出生，户籍地、居住地均为 T 市 B 区。2021 年，赵某因犯买卖国家机关证件罪被 T 市 B 区人民法院判处有期徒刑四个月，缓刑一年。缓刑考验期自 2021 年 3 月 2 日起至 2022 年 3 月 1 日止。2021 年，赵某到 T 市 B 区社区矫正机构报到，由执行地受委托的司法所负责对其社区矫正期间日常管理。赵某入矫后矫正意识不强，不能严格遵守社区矫正相关监督规定，在 2021 年 3 月 20 日至 21 日期间，未随身携带定位手机且不如实报告深夜在外逗留情况，于 4 月 1 日被社区矫正机构决定训诫一次。之后，陈某并未因此端正态度，改正错误，其定位手机出现关机状态，累计时间长达10 小时，又被社区矫正机构决定训诫一次。

二、赵某的成长史

（一）生活经历：该社区矫正对象初中毕业后，就在当地一修车店当学徒，具有钻研精神，后与他人合伙经营一条机动车检测线并经营车务。但是其脾气比较暴躁，经常与手下员工发生争执；生活中经历的主要挫折事件：2010 年离婚、2020 年母亲亡故。

（二）生活成长环境：赵某家庭经济情况一般，幼时，父亲对他的教育方式粗暴和专制，经常打骂他，故其对父亲非常厌恶；母亲经常照顾和保护自己，对母亲的感情较深，特别孝顺母亲。

三、赵某的社会关系

赵某在被判刑前与他人合伙经营一条机动车检测线并经营车务，生意红火，邻里关系和谐，家庭幸福。在被判刑后，赵某过去的同事、朋友，街坊邻居对他避而远之、甚至警惕防备。赵某自己也不愿意面对亲朋好友，且判刑后赵某因病做了手术，又由于疫情原因，其经营的车务生意处于停业状态。生活和生意上的打击让赵某的情绪低落，陷入了不能认同自己，缺乏社会归属感的痛苦迷茫中，渐渐产生了自暴自弃的想法，对于社区矫正有一些抵触情绪，缺乏生活热情。

以【案例 3 - 3】为材料，制作一份社区矫正对象赵某的《社区矫正对象危险评估报告》。

任务 2　社区矫正对象进入特定区域场所审批表的制作

社区矫正对象进入特定区域场所（会客、外出、经常性跨市县活动、执行地变更）审批表用于社区矫正对象进入特定区域场所、会客、外出或者经常性跨市县活动、执行地变更、暂予监外执行有关事项的审批。本文书根据《社区矫正法》第 23 条以及《社区矫正法实施办法》第 24 条、第 25 条、第 26 条、第 27 条、第 29 条、第 39 条的规定制作。

任务 2.1　社区矫正对象进入特定区域场所审批表的格式与撰写

社区矫正对象进入特定区域场所审批表是社区矫正对象依照程序向社区矫正机构或受委托的司法所和执行地县级社区矫正机构申请进入特定区域场

所的表格式执法文书。本文书根据《社区矫正法》第 23 条以及《社区矫正法实施办法》第 24 条、第 25 条的规定制作。

一、社区矫正对象进入特定区域场所审批表的格式

（一）文书结构

《社区矫正对象进入特定区域场所审批表》主要由三部分组成，参见【样表 3 - 2】。

1. 首部

文书名称即"社区矫正对象进入特定区域场所审批表"。

2. 正文

正文中应当填写的内容包括以下三个方面：

（1）社区矫正对象基本信息。在表格内依次填写姓名、性别、身份证号码、户籍地、执行地、罪名、原判刑罚、附加刑、禁止令内容、禁止期限起止日、矫正类别、矫正期限、起止日。

（2）事实及依据。写明申请进入的区域场所以及进入时间期限，此处应填写与禁止令内容相对应的区域场所，同时简要写明社区矫正对象进入特定区域场所的事实及依据，事实理由应客观具体、完整明确、脉络清晰、层次分明。原则上以社区矫正对象的书面申请为限，进行必要的概述。

（3）批示意见。由呈报单位拟写出申报意见，签名盖章后报县级社区矫正机构审批。呈报单位包括受委托的司法所以及社区矫正中队等。

3. 尾部

在表格之后，应当写明抄送机关，即原审人民法院和执行地县级人民检察院。

（二）制作要求

（1）禁止令中规定经批准才能进入的特定区域或者场所，社区矫正对象确需进入的，应当提前向社区矫正机构或受委托的司法所提出书面申请并说明理由，提交相关证明材料，社区矫正机构或受委托司法所在《社区矫正对象进入特定区域场所审批表》中填写意见后，连同社区矫正对象的书面申请，报执行地县级社区矫正机构审批。

（2）执行地县级社区矫正机构应当自收到《社区矫正对象进入特定区域场所审批表》之日起 3 个工作日内，作出是否批准的决定，由社区矫正机构或受委托的司法所告知社区矫正对象。对于不同意或未批准的，应当写明理由。

（3）《社区矫正对象进入特定区域场所审批表》一式三份，除一份存档外，应当抄送原审人民法院和执行地县级人民检察院各一份。

（4）对于经审批同意社区矫正对象进入特定区域场所的，应当在"备注"中写明实施中如何监管的意见。

（5）发现社区矫正对象违反人民法院禁止令的，应当立即制止；对违反禁止令进入特定区域场所的行为，制止无效的，应当立即通知公安机关到场处置，并予以相应的惩罚措施。

【样表3-2】

社区矫正对象进入特定区域场所审批表

姓名		性别		身份证号码		
户籍地				执行地		
罪名		原判刑罚			附加刑	
禁止令内容				禁止期限起止日	自　年　月　日 至　年　月　日	
矫正类别		矫正期限		起止日	自　年　月　日 至　年　月　日	
事由及依据						
呈报单位意见					（公章） 年　月　日	
县级社区矫正机构意见					（公章） 年　月　日	
备注						

注：抄送＿＿＿＿人民法院、＿＿＿＿人民检察院。

二、社区矫正对象进入特定区域场所审批表的撰写

案例 3 - 4

刘某，男，27 岁，居住于 H 省 S 市 B 县 C 村。身份证号码：×××××× 19950101 ××××。2021 年 9 月 3 日，H 省 S 市 B 县人民法院以敲诈勒索罪判处刘某有期徒刑六个月，缓刑一年，缓刑考验期为 2021 年 9 月 13 日至 2022 年 9 月 12 日；并下发了"禁止令"，禁止刘某进入案发地——B 县附属小学，禁止期限与缓刑考验期相同。若有违反，将面临被撤销缓刑、执行原判刑罚的可能。2022 年 1 月 17 日，刘某到 E 司法所报到，并提出因妻子出差，父母回了老家，自己要到被禁止进入的小学给儿子开期末家长会，开会时间是 2022 年 1 月 25 日 14：00 ~ 17：00，特提出申请，并给工作人员查看开家长会的通知和向班主任请假未果的消息。

以【案例 3 - 4】为材料，制作《社区矫正对象进入特定区域场所审批表》，实例如【样表 3 - 3】：

【样表 3 - 3】

社区矫正对象进入特定区域场所审批表

姓名	刘某	性别	男	身份证号码	×××××× 19950101 ××××
户籍地	H 省 S 市 B 县 C 村			执行地	H 省 S 市 B 县
罪名	敲诈勒索罪	原判刑罚	有期徒刑 6 个月	附加刑	无
禁止令内容	禁止刘某进入 B 县附属小学		禁止期限起止日	自 2021 年 9 月 13 日 至 2022 年 9 月 12 日	
矫正类别	缓刑	矫正期限	一年	起止日	自 2021 年 9 月 13 日 至 2022 年 9 月 12 日
事由及依据	刘某儿子就读的 B 县附属小学要开期末家长会，因刘妻、刘父、刘母均不在家，在向班主任请假未果的情况下，申请到 B 县附属小学开家长会，进入时间期限为：2022 年 1 月 25 日 14：00 ~ 17：00。				

	续表
呈报单位 意见	同意进入，起止时间：2022 年 1 月 25 日 14：00～17：00。 E 司法所（公章） 2022 年 1 月 18 日
县级社区 矫正机构 意见	同意司法所意见，司法所要严格按照社区矫正要求加强管理，认真履行职责。 B 县司法局（公章） 2022 年 1 月 22 日
备注	对刘某通过通信联络、信息化核查等方式进行监管。

注：抄送B 县人民法院、B 县人民检察院。

【课堂活动 3 – 2】

结合《刑法》《刑事诉讼法》《社区矫正法》的规定，请思考如何对刑事禁止令进行科学合理的监督？

任务2.2 社区矫正对象会客审批表的格式与撰写

社区矫正对象会客审批表是社区矫正机构或受委托的司法所对社区矫正对象的会客申请依法进行审查核实并审批的表格式执法文书。为保证社区矫正对象在社区矫正期间能够安心地接受矫正，不受外界的不良影响，相关的法律法规对其会客进行了限制，社区矫正机构应对矫正对象的会客情况予以严格监督和控制。本文书根据《社区矫正法》第23 条以及《社区矫正法实施办法》第24 条、第25 条的规定制作。

一、社区矫正对象会客审批表的格式

（一）文书结构

《社区矫正对象会客审批表》由三部分组成，参见【样表3 –4】。

1. 首部

文书名称即"社区矫正对象会客审批表"

2. 正文

正文中应当填写的内容包括以下三个方面：

（1）社区矫正对象基本信息。在表格内依次填写姓名、性别、身份证号码、户籍地、执行地、罪名、原判刑罚、附加刑、禁止令内容、禁止期限起止日、矫正类别、矫正期限、起止日。

（2）事实及依据。简要写明社区矫正对象会客客人的类别、会客事实及依据，原则上以社区矫正对象的书面申请为限，进行必要的概述。

（3）批示意见。社区矫正机构或受委托司法所根据相关规定及时做出允许或不允许其会客、接受媒体采访或会见境外人士的决定，并通知社区矫正对象。

3. 尾部

在表格之后，应当写明抄送机关，即执行地县级人民检察院。

（二）制作要求

（1）社区矫正对象会见外来客人时必须向社区矫正机构或受委托的司法所报告，由本人提交《社区矫正对象会客申请书》，参见【样表3-5】，经同意后方可会见。

（2）社区矫正对象在接受媒体采访或会见境外人士前，监护人、居委会应出具证明，将基本情况、会见事由进行登记备案。

（3）社区矫正对象未经批准擅自会客或接受媒体采访，情节较轻的，由社区矫正机构进行训诫；造成严重后果的，予以警告。

（4）呈报单位包括受委托的司法所以及社区矫正中队等。当呈报单位也是审批机关时，可将此意见栏改为受委托的司法所意见或执行地社区矫正机构意见。

【样表3-4】

社区矫正对象会客审批表

姓名		性别		身份证号码	
户籍地				执行地	
罪名		原判刑罚		附加刑	

续表

禁止令内容			禁止期限 起止日	自　年　月　日 至　年　月　日
矫正类别		矫正期限	起止日	自　年　月　日 至　年　月　日
事由及依据				
呈报单位 意见			（公章） 年　月　日	
备注				

注：抄送_____人民检察院。

【样表 3 - 5】

社区矫正对象会客申请书

_____社区矫正机构/司法所：

　　本人_____，男（女），于___年_月_日出生，身份证号码_____；户籍地_____，居住地_____；___年_月_日因犯_____罪被_____人民法院判处_____，或___年_月_日被_____人民法院宣告缓刑或裁定假释（决定暂予监外执行）、被_____监狱管理局（或公安局）批准暂予监外执行，矫正期限自___年_月_日至___年_月_日。会见人_____，男（女），国籍及户籍地址_____，护照（证件号码）_____，工作单位及职务_____。与社区矫正对象_____是_____关系。

　　现因_____事由，需与会见人_____会见，会见时间：___年_月_日___时至__日___时，会见地点：_____。

　　特此申请！

申请人：　　（指印）
年　月　日

二、社区矫正对象会客审批表的撰写

🔍 案例 3 - 5

社区矫正对象谢某某，男，1976 年 4 月出生，身份证号码××××197604××××××，户籍地及居住地为 A 省 B 市 C 区。2020 年 4 月 21 日，谢某某因犯非法采矿罪被 A 省 B 市 C 区人民法院判处有期徒刑一年，缓刑二年，并处罚金人民币 5000 元，违法所得 75 000 元予以没收，缓刑考验期限自 2020 年 5 月 7 日起至 2022 年 5 月 6 日止。2020 年 5 月 7 日，谢某某到 A 省 B 市 C 区社区矫正机构办理入矫接收手续，同日到执行地受委托的 D 司法所报到并接受社区矫正。

谢某某在接受社区矫正期间认罪服法，自觉遵守社区矫正各项规定，服从监督管理，积极参加学习和公益活动，态度端正，未受到训诫及以上处罚，表现较好。2020 年 8 月 18 日，当地爆发特大洪灾，谢某某在洪水侵袭某镇之际，主动配合当地党委、政府组织动员群众转移，用自用船只无偿将几百名遇险群众及物资转移到安全地带；不顾个人安危跳入洪水中排除障碍物，确保将船上群众转移到安全地带；在抗洪抢险工作中，眼见洪水即将冲毁自家房屋，仍然义无反顾地带着妻子积极帮助转移受灾群众和物资，其房屋也在此次洪灾中被洪水冲毁。洪水退去后，其又与妻子继续投入到清淤和物资运输等工作中，来回接送人员几十趟。

当地 ×× 日报知晓谢某某事迹后，欲对其进行采访和报道，现谢某某向 D 司法所提出接受媒体采访的申请。

请以【案例 3 - 5】为材料，制作《社区矫正对象会客审批表》，实例如【样表 3 - 6】：

🔍 【样表 3 - 6】

社区矫正对象会客审批表

姓名	谢某某	性别	男	身份证号码	××××197604××××××
户籍地	A 省 B 市 C 区			执行地	C 区

续表

罪名	非法采矿罪	原判刑罚		有期徒刑一年	附加刑	罚金人民币五千元
禁止令内容	无			禁止期限起止日	无	
矫正类别	缓刑	矫正期限	二年	起止日	自 2020 年 5 月 7 日至 2022 年 5 月 6 日	

事由及依据	谢某某在"8·18"特大洪灾中表现突出，主动配合当地党委、政府组织动员群众转移，用自用船只无偿将几百名遇险群众及物资转移到安全地带；不顾个人安危跳入洪水中排除障碍物，确保将船上群众转移到安全地带；在抗洪抢险工作中，眼见洪水即将冲毁自家房屋，仍然义无反顾地带着妻子积极帮助转移受灾群众和物资，其房屋也在此次洪灾中被洪水冲毁。洪水退去后，其又与妻子继续投入到清淤和物资运输等工作中，来回接送人员几十趟。 ××日报于 2020 年 8 月 25 日准备在 A 段抗洪现场，对谢某某进行采访，报道其在危急时刻，冒着生命危险舍小家、顾大家、一心救人的先进事迹。
呈报单位意见	同意谢某某接受××日报媒体的采访。 （公章） 2020 年 8 月 24 日
备注	1. 谢某某的《社区矫正对象会客申请书》； 2. 所在居委会出具的证明材料。

注：抄送 B 市 C 区人民检察院。

【课堂活动 3－3】

请思考并讨论，对社区矫正对象在矫正期间进行会客限制有必要吗？并说明理由。

任务 2.3　社区矫正对象外出（经常性跨市县活动）审批表的格式与撰写

社区矫正对象外出（经常性跨市县活动）审批表是社区矫正机构根据

相关法律法规的规定，对社区矫正对象提出的外出或经常性跨市县活动的申请予以审批的表格式执法文书。本文书根据《社区矫正法》第 23 条以及《社区矫正法实施办法》第 26 条、第 27 条、第 29 条的规定制作。

一、社区矫正对象外出（经常性跨市县活动）审批表的格式

（一）文书结构

《社区矫正对象外出（经常性跨市县活动）审批表》由三部分组成，参见【样表 3 - 7】。

1. 首部

文书名称即"社区矫正对象外出（经常性跨市县活动）审批表"。

2. 正文

正文中应当填写的内容包括以下三个方面：

（1）社区矫正对象基本信息。在表格内依次填写姓名、性别、身份证号码、户籍地、执行地、罪名、原判刑罚、附加刑、禁止令内容、禁止期限起止日、矫正类别、矫正期限、起止日。

（2）事实及依据。填写该部分时应注意：①社区矫正对象外出审批表中，要写明社区矫正对象请假外出目的地、外出理由及时间期限。②社区矫正对象经常性跨市县活动审批表中，要与明社区矫正对象因正常工作和生活需要经常性跨市县活动的理由，经常性去往市县名称、时间、频次等。

（3）批示意见。应由社区矫正机构或受委托司法所根据相关规定，拟写申报单位意见，签字盖章后上报执行地社区矫正机构审批。

第一，社区矫正对象外出审批表中，社区矫正对象申请外出时间在 7 日内的，经执行地县级社区矫正机构委托，可以由司法所批准，并报执行地县级社区矫正机构备案；超过 7 日的，由执行地县级社区矫正机构批准。执行地县级社区矫正机构每次批准外出的时间不超过 30 日；因特殊情况确需外出超过 30 日的，或者 2 个月内外出时间累计超过 30 日的，应报上一级社区矫正机构审批。

第二，社区矫正对象经常性跨市县活动审批表中，社区矫正对象的经常性跨市县活动申请应由社区矫正机构或受委托的司法所拟写申报单位意见，

由执行地县级社区矫正机构批准，每次批准的有效期为6个月。到期后，社区矫正对象仍需要经常性跨市县活动的，应当重新提出申请。

3. 尾部

用于外出审批时，对于外出超过30日或者2个月内外出时间累计超过30日，上一级社区矫正机构批准外出的，执行地县级社区矫正机构应当及时将审批表抄送同级人民检察院。因此，此种情况下应在表格尾部，写明抄送机关，即执行地县级人民检察院。

（二）制作要求

（1）社区矫正对象外出的正当理由是指就医、就学、参与诉讼、处理家庭或者工作重要事务等；社区矫正对象确需离开所居住的市、县的，一般应当提前3日提交书面申请，请假外出目的地应精确到乡镇（街道），并如实提供诊断证明、单位证明、入学证明、法律文书等材料。社区矫正机构或受委托司法所收到其书面申请和佐证材料后，要认真审核并出具审批意见或呈报县级社区矫正机构批准，并及时将审批结果告知社区矫正对象。

（2）社区矫正对象未经批准不得离开所居住市、县，这里所规定的市是指直辖市的城市市区、社区的市的城市市区和县级市的辖区。在社区的同一市内跨区活动的，不属于离开所居住的市、县。

（3）社区矫正对象在外出或跨市县活动期间，执行地县级社区矫正机构、受委托的司法所应当通过电话通讯、微信、实时视频等方式实施监督管理，定期联系社区矫正对象，掌握其动态，有针对性地进行矫正教育。

（4）社区矫正对象违反外出期间监督管理规定、未经请假擅自离开执行地或经请假但逾期未归的，应视情节依法给予训诫、警告、提请公安机关予以治安管理处罚或依法提请撤销缓刑、假释、对暂予监外执行的收监执行。

（5）呈报单位包括受委托的司法所以及社区矫正中队等。当呈报单位也是审批机关时，可将此意见栏改为受委托的司法所意见等，其余意见栏可删除。

【样表 3 - 7】

社区矫正对象外出（经常性跨市县活动）审批表

姓名		性别		身份证号码		
户籍地				执行地		
罪名		原判刑罚			附加刑	
禁止令内容			禁止期限起止日		自　年　月　日 至　年　月　日	
矫正类别		矫正期限		起止日		自　年　月　日 至　年　月　日
事由及依据						
呈报单位 意见					（公章） 年　月　日	
县级社区 矫正机构 意见					（公章） 年　月　日	
地市社区 矫正机构 意见					（公章） 年　月　日	
省级社区 矫正机构 意见					（公章） 年　月　日	
备注						

注：抄送_____人民检察院。

【课堂活动 3 - 4】

请思考并讨论，如何正确理解和把握"正当理由"与"社区矫正对象经常性跨市县活动"的关系？

二、社区矫正对象外出（经常性跨市县活动）审批表的撰写

案例 3-6

社区矫正对象孙某，男，1970 年 5 月出生，A 省 H 市 W 区人，某电子科技有限公司控股股东、实际控制人。2019 年 7 月 21 日，孙某因犯虚开增值税专用发票罪被 J 省 K 市人民法院判处有期徒刑三年，宣告缓刑五年，缓刑考验期自 2019 年 8 月 2 日至 2024 年 8 月 1 日止。孙某在 A 省 H 市 W 区 Z 司法所接受社区矫正。其在社区矫正期间遵纪守法，服从监督管理，表现良好。2021 年 8 月，孙某以其经营的某电子公司生产经营陷入困境，亟需本人赴上海洽谈业务，帮助公司复工复产为由，向 Z 司法所申请外出 10 天。经实地走访孙某经营的公司、查阅公司营业执照、纳税申报表和业务合同等材料、询问公司相关人员，查明孙某经营的公司共有员工近 200 名，年均销售额 7000 万元，年均纳税 400 余万元。孙某是公司的实际控制人，公司业务一直由其负责经营管理，新冠疫情发生以来，其公司销售业绩下滑约 40%，面临停产危险。

请以【案例 3-6】为材料，制作《社区矫正对象外出审批表》，实例如【样表 3-8】：

【样表 3-8】

社区矫正对象外出（经常性跨市县活动）审批表

姓名	孙某	性别	男	身份证号码	××××××××××××××××××
户籍地	A 省 H 市 W 区		执行地		A 省 H 市 W 区
罪名	虚开增值税专用发票罪	原判刑罚	有期徒刑三年	附加刑	无
禁止令内容	无		禁止期限起止日		无
矫正类别	缓刑	矫正期限	五年	起止日	自 2019 年 8 月 2 日至 2024 年 8 月 1 日

续表

事由及依据	因孙某经营的某电子公司生产经营陷入困境，亟需本人赴上海市××区××街道××号洽谈业务，帮助公司复工复产。请假外出时间：2021年8月10日8：00至2021年8月19日8：00。
呈报单位意见	经过调查孙某外出的必要性以及其人身危险性情况，拟同意外出。该社区矫正对象请假外出期间，司法所采取如下监管措施： 1. …… 2. …… 3. …… （公章） 2021年8月5日
县级社区矫正机构意见	同意外出。要求司法所严格落实对该社区矫正对象请假外出的监管措施，认真履行监管帮教职责，不得引发脱管、漏管和重新犯罪案件。 （公章） 2021年8月8日
备注	1. 孙某的外出申请书； 2. 孙某公司销售业绩下滑，面临停产危险的证明材料； 3. 孙某的人身危险性评估材料。

【技能训练——实训项目】

案例 3 - 7

　　社区矫正对象贾某，男，1978年2月出生，汽车驾驶员。2022年11月2日，贾某因犯非法侵入住宅罪被H省H县人民法院判处有期徒刑十个月，宣告缓刑一年，缓刑考验期自2022年12月3日至2023年12月2日止。贾某在H省H县某镇司法所接受社区矫正。贾某在社区矫正期间遵纪守法，服从监督管理，表现良好。贾某以从事长途货运服务为生，在社区矫正期间，因正常工作和生活需要经常性跨市县活动，于 2023 年 3 月 8 日向某镇司法所提交经常性跨市县活动申请书，以及其家庭情况信息、父母及岳父母病历、贷款信息等证明材料。镇司法所通过询问贾某及其家属、村委会成员，了解到贾某承包某运输公司 H 省 H 县至 A 省 A 区某运输线路，每月需往返 5 至 8 次，频次较高；运输任务一般为临时通知，接到任务后再向社区矫正机构申请外出，会严重影响其按时完成运输任务。贾某全家的生活支出主要依赖其工作收入，现因无法完成运输任务，收入锐减，已开始举债偿还每月 10 000 余元的货车贷款和房贷，家庭正常生活开支难以维持。

请以【案例 3-7】为材料，制作一份《社区矫正对象经常性跨市县活动审批表》。

任务 2.4　社区矫正对象执行地变更审批表的格式与撰写

社区矫正对象执行地变更审批表是社区矫正对象由于工作、居所变化等原因，需要变更执行地时，由社区矫正机构或受委托的司法所签署意见后，报经执行地县级社区矫正机构审批的表格式执法文书。本文书根据《社区矫正法》第 27 条以及《社区矫正法实施办法》第 30 条和第 31 条的规定制作。

一、社区矫正对象执行地变更审批表的格式

（一）文书结构

《社区矫正对象执行地变更审批表》由两部分组成，参见【样表 3-9】。

1. 首部

文书名称即"社区矫正对象执行地变更审批表"。

2. 正文

正文中应当填写的内容包括以下三个方面：

（1）社区矫正对象基本信息。在表格内依次填写姓名、性别、身份证号码、户籍地、执行地、罪名、原判刑罚、附加刑、禁止令内容、禁止期限起止日、矫正类别、矫正期限、起止日。

（2）事实及依据。依据矫正对象提交的书面申请和相关证明材料如实进行描述。写明新执行地的区域，具体到县（区）级，简明描述矫正对象申请变更执行地的具体理由。

（3）批示意见。应由社区矫正机构或受委托司法所根据相关规定，拟写申报单位意见，签字盖章后上报执行地县级社区矫正机构批准。

（4）备注。在此栏列明矫正对象提交的各项相关证明材料。

（二）制作要求

（1）社区矫正对象变更执行地的正当理由是指因工作、居所变化、就学以及其他有变更等更有利于矫正对象接受矫正、更好融入社会的情形等；社区矫正对象一般应当提前 1 个月提出书面申请，并提供相应证明材料。

（2）执行地县级社区矫正机构收到审批表后，依法审查矫正对象的申请材料，核实相关情况后，应当在 5 日内书面征求新执行地县级社区矫正机构的意见。

（3）新执行地县级社区矫正机构接到征求意见函后，应当在 5 日内核实有关情况，作出是否同意接收的意见并书面回复。执行地县级社区矫正机构对新执行地县级社区矫正机构的回复意见有异议的，可以报上一级社区矫正机构协调解决。执行地需要跨省（区、市）的，如县级、市级社区矫正机构不能达成一致意见的，由省级社区矫正机构之间协调解决。

【样表 3 - 9】

社区矫正对象执行地变更审批表

姓名		性别		身份证号码	
户籍地			执行地		
罪名		原判刑罚		附加刑	
禁止令内容			禁止期限 起止日	自　年　月　日 至　年　月　日	

续表

矫正类别		矫正期限		起止日	自　年　月　日 至　年　月　日
事由及依据					
呈报单位 意见					（公章） 年　月　日
县级社区 矫正机构 意见					（公章） 年　月　日
备注					

【课堂活动 3 – 5】

若受委托的司法所不同意社区矫正对象的执行地变更申请，社区矫正对象向当地人民检察院提出申请监督。作为司法所工作人员，应如何处置？

二、社区矫正对象执行地变更审批表的撰写

案例 3 – 8

周某，男，1961 年 8 月生，大学文化，已婚，A 省 B 市 C 县 D 镇人，案发前系 C 县教育局办公室主任。周某因收受贿赂，于 2021 年 4 月 12 日被 C 县人民法院以受贿罪依法判处有期徒刑二年，缓刑三年，缓刑考验期为 2021 年 4 月 13 日至 2024 年 4 月 12 日。

2021 年 7 月 14 日，周某到 D 司法所反映，其儿子小周已在 B 市定居多年，现为父母亲在 B 市 X 区购置了一套商品房，希望能搬去居住。周某向司法所提出书面申请，并提交相关证明材料。

结合【案例 3 – 8】所给材料，制作一份《社区矫正对象执行地变更审批表》。实例如【样表 3 – 10】：

【样表 3 - 10 】

社区矫正对象执行地变更审批表

姓名	周某	性别	男	身份证号码	×××××××××××××××××	
户籍地	A 省 B 市 C 县 D 镇			执行地	A 省 B 市 C 县	
罪名	受贿罪	原判刑罚		有期徒刑 二年	附加刑	无
禁止令内容	无			禁止期限 起止日	无	
矫正类别	缓刑	矫正期限	三年	起止日	自 2021 年 4 月 13 日 至 2024 年 4 月 12 日	
事由及依据	社区矫正对象周某的儿子小周为其在 B 市 X 区购买了房屋,希望父母搬到 B 市 X 区居住。申请执行地由 A 省 B 市 C 县变更为 A 省 B 市 X 区。					
呈报单位 意见	同意社区矫正对象执行地变更。 （公章） 年　月　日					
县级社区 矫正机构 意见	 （公章） 年　月　日					
备注	1. 周某的执行地变更申请书; 2. 小周为其购买房屋的证明; 3. 对周妻、儿子小周的谈话笔录。					

任务3 社区矫正对象执行地变更决定书的制作

社区矫正对象执行地变更决定书是执行地县级社区矫正机构书面征求新执行地县级社区矫正机构意见，根据其意见反馈函制作的是否同意矫正对象执行地变更申请的执法文书。本文书根据《社区矫正法》第27条以及《社区矫正法实施办法》第30条、第31条的规定制作。

任务3.1 社区矫正对象执行地变更决定书的格式

一、文书结构

《社区矫正对象执行地变更决定书》包括以下七个部分，参见【样表3－11】。

（一）首部

文书名称即"社区矫正对象执行地变更决定书"。

（二）字号

文书字号由年度、社区矫正机构代字、类型代字、文书编号组成，使用阿拉伯数字，例"（2022）××矫执更字第1号"。

（三）社区矫正对象基本情况

该部分内容包括社区矫正对象的姓名、性别、出生年月、民族、身份证号码、户籍地、现执行地。

（四）社区矫正对象犯罪情况

该部分内容包括罪名、原判法院、刑种、刑期、矫正起止日期；或作出假释（批准暂予监外执行）裁定、决定的机关名称、矫正起止日期。

（五）申请执行地变更的内容

该部分内容包括社区矫正对象姓名、提出申请日期、新执行地的行政区域、申请变更的理由。

（六）决定

根据调查核实情况以及新执行地的意见反馈函，作出同意或不予同意的决定。

（七）落款

该部分内容包括作出执行地变更决定的机关和日期。

二、制作要求

（1）文书一式六份：存档一份，一份送社区矫正对象，一份连同审批表、矫正档案、送达回执移交新执行地县级社区矫正机构，另抄送社区矫正决定机关、原执行地县级人民检察院、公安机关各一份。

（2）执行地县级社区矫正机构根据回复意见，作出决定。不同意变更执行地的，应在决定作出之日起5日内告知社区矫正对象；同意变更执行地的，原执行地县级社区矫正机构应当在作出决定之日起5日内，将有关法律文书和档案材料移交新执行地县级社区矫正机构，并将有关法律文书抄送社区矫正决定机关和原执行地县级人民检察院、公安机关。同时，应对社区矫正对象进行教育，书面告知其到新执行地县级社区矫正机构报到的时间期限以及逾期报到或者未报到的后果，责令其按时报到。

【样表 3 - 11 】

社区矫正对象执行地变更决定书

（　）字第　　号

社区矫正对象_____，男（女），___年_月_日出生，_____族，身份证号码_____，户籍地_____，现执行地_____，因犯_____罪经_____人民法院于___年_月_日判处_____。___年_月_日经_____人民法院（监狱管理局、公安局）裁定假释（决定、批准暂予监外执行）。社区矫正期限自___年_月_日起至___年_月_日止。

___年_月_日收到社区矫正对象_____执行地变更申请，申请由_____市（县）变更执行地到_____市（县），申请变更理由_____。

依据《中华人民共和国社区矫正法》第二十七条之规定，决定同意（不予同意）变更到_____市（县）执行。

（公章）

年　月　日

注：决定书送达社区矫正对象和新执行地县级社区矫正机构，同时抄送_____人民法院（公安局、监狱管理局）、_____人民检察院、_____公安（分）局。

（3）新执行地县级社区矫正机构收到决定书和档案材料后，在 5 日内送达回执（在受送达人签收处加盖公章），同时将决定书复印送所在地县级人民检察院、公安机关。

任务 3.2　社区矫正对象执行地变更决定书的撰写

案例 3 – 9

社区矫正对象张某某，男，1982 年 8 月出生，户籍地与居住地均为 A 省 B 市 C 区。2021 年 6 月 20 日，张某某因犯交通肇事罪被 A 省 B 市 C 区人民法院判处有期徒刑一年，缓刑二年，缓刑考验期自 2021 年 7 月 12 日起至 2023 年 7 月 11 日止。张某某在规定期限内到 A 省 B 市 C 区司法局报到，由执行地受委托司法所对其开展入矫宣告，承担社区矫正相关日常监管工作。张某某在 2022 年 8 月受聘担任位于 A 省 B 市 X 县的某公司总经理，需长期在当地工作，因而张某某于 8 月 2 日向司法所提出执行地变更申请及相关工作证明材料。

结合【案例 3 – 9】所给材料，制作一份《社区矫正对象执行地变更决定书》。范例如【样表 3 – 12】：

【样表 3 – 12】

社区矫正对象执行地变更决定书

（2022）BC 矫执更字第 007 号

社区矫正对象张某某，男，1982 年 8 月 1 日出生，汉族，身份证号码×××××××××××××××××，户籍地 A 省 B 市 C 区，现执行地 B 市 C 区，因犯交通肇事罪经 A 省 B 市 C 区人民法院于 2021 年 6 月 20 日判处有期徒刑一年，缓刑二年。社区矫正期限自 2021 年 7 月 12 日起至 2023 年 7 月 11 日止。

2022 年 8 月 2 日收到社区矫正对象张某某执行地变更申请，申请由 B 市 C 区变更执行地到 B 市 X 县，申请变更理由为社区矫正对象张某某担任某公司总经理职务，由于该公司位于 X 县，因而张某某需要长期在 X 县工作和生活。

依据《中华人民共和国社区矫正法》第二十七条之规定，决定同意其变更到<u>B 市 X 县</u>执行。

<u>B 市 C 区司法局（公章）</u>

2022 年 8 月 13 日

注：决定书送达社区矫正对象和新执行地县级社区矫正机构，同时抄送<u>C 区</u>人民法院、<u>C 区</u>人民检察院、<u>C 区</u>公安局。

【课堂活动 3 - 6】

请思考并讨论，如何做好社区矫正对象执行地变更后的法律文书衔接工作？

任务4　社区矫正法律文书送达回执的制作

社区矫正法律文书送达回执是社区矫正工作中用于执行地社区矫正机构向社区矫正对象、社区矫正决定机关、执行地人民检察院、公安机关送达文书以及社区矫正机构之间、社区矫正机构与受委托司法所之间送达文书所使用的证明相关文书送达至对方并签收的书面凭证。[1]本文书根据《社区矫正法》第 20 条、第 27 条、第 33 条、第 46 条、第 49 条以及《社区矫正法实施办法》第 16 条、第 31 条、第 32 条、第 36 条、第 40 条、第 42 条、第 46 条、第 47 条、第 48 条、第 49 条、第 53 条的规定制作。

任务4.1　社区矫正法律文书送达回执的格式

一、文书结构

《社区矫正法律文书送达回执》包括以下三个部分，参见【样表 3 - 13】。

（一）首部

文书名称即"社区矫正法律文书送达回执"。

---

〔1〕　卞增智、邹屹峰主编：《社区矫正执法文书的制作与应用》，中国法制出版社 2022 年版，第 282 页。

（二）正文

正文的主要内容包括所送达文书的内容、受送达人的姓名和地址、送达文书名称及件数、受送达人或代收人签名盖章、送达人签名等。填写时要写明送达文书名称及件数，并在发出时进行核对。受送达人签收送达回执时，也应对送达文书名称及件数核对确认无误后再签收，核对后认为有误的，可以拒绝签收或在写明实际收到情况后再签收。

（三）尾部

尾部包括备注和填发人签名。

二、制作要求

（1）送达回执一般直接送达签收，采取邮寄送达的，应交由国家邮政机构进行邮寄送达，邮寄回执附送达回执上。

（2）司法实践中，部分省市建设了智能政法协同办案信息化系统，根据本地规定，也可以通过信息化系统线上送达。

【样表 3 - 13】

社区矫正法律文书送达回执

送达文书内容			
受送达人的姓名、地址			
送达文书名称及件数	受送达人签收	代收人签收	送达人
	（公章） 年　月　日	年　月　日	
	年　月　日	年　月　日	
	年　月　日	年　月　日	

			续表
	年 月 日	年 月 日	
备注：			
填发人			

任务4.2 社区矫正法律文书送达回执的撰写

根据送达文书内容的不同，社区矫正法律文书送达回执的撰写内容也略有区别。现以社区矫正决定机关将生效判决等法律文书通知并送达执行地社区矫正机构为例，填写范例如下，参见【样表3-14】：

【样表3-14】

社区矫正法律文书送达回执

送达文书内容	对社区矫正对象×××宣告缓刑相关法律文书		
受送达人的姓名、地址	×××，××省××市××区社区矫正机构		
送达文书名称及件数	受送达人签收	代收人签收	送达人
×××一份	××× ×××（公章） ××年××月××日	年 月 日	×××
×××两份	××× ××年××月××日	年 月 日	×××
	年 月 日	年 月 日	

			续表
	年　月　日	年　月　日	
备注：			

填发人×××

任务5　社区矫正事项审批告知书的制作

社区矫正事项审批告知书是社区矫正机构对社区矫正对象申请事项是否批准进行书面告知的执法文书。例如对于进入特定区域场所、会客、外出、执行地变更以及经常性跨市县活动、暂予监外执行事项等申请，社区矫正机构应当书面告知审批结果，同时告知社区矫正对象进行审批事项活动时应遵守的相关要求。本文书根据《社区矫正法》第23条以及《社区矫正法实施办法》第24条至第30条、第39条等规定制作。

任务5.1　社区矫正事项审批告知书的格式

一、文书结构

《社区矫正事项审批告知书》包括以下五个部分，参见【样表3-15】。

（一）首部

文书名称即"社区矫正事项审批告知书"。

（二）字号

文书字号由年度、社区矫正机构代字、类型代字、文书编号组成，使用阿拉伯数字，例"（2022）××矫审告字第1号"。

（三）事项审批告知情况

此部分是对社区矫正对象申请事项批准与否的填写。应对社区矫正对象何时、提出的何种申请事项以及事由进行简单描述，并就该事项是否批准进行填写。

（四）有关规定及违反后果

此部分主要告知社区矫正对象进行审批事项活动时应遵守的相关要求。

包括社区矫正对象必须遵守的各项规定、被禁止的事项、违反规定应承担的法律后果、被限制行使的权利，以及应当履行的义务。比如批准请假外出的须列明时限和目的地；同意变更执行地的，告知其到新执行地县级社区矫正机构报到的时间期限以及逾期报到或者未报到的后果等。

（五）社区矫正对象签名

此部分要求社区矫正对象在知晓其申请事项批准结果后予以签名确认。

二、制作要求

（1）该告知书一式两份，加盖公章，社区矫正对象签名后存档一份，送社区矫正对象一份。

（2）社区矫正对象对审批事项批准结果有异议时，可以依法向社区矫正机构上级主管部门或同级人民检察院提出控告。

【样表 3 - 15】

社区矫正事项审批告知书

（　）字第　　号

社区矫正对象_____：

　　你于___年__月__日，因_____（事由）提出的_____申请，符合/不符合有关法律、法规和社区矫正监督管理规定情形，决定予以批准/不予批准_____。

　　你在进行_____活动时，应注意遵守以下要求：_____

_____

_____

_____

_____

　　特此告知。

_____（公章）

年　月　日

以上内容我已知晓。

社区矫正对象（签名）：　　　　　　年　月　日

【课堂活动 3 –7】

请思考并讨论,《社区矫正事项审批告知书》设置的目的和意义是什么?

任务 5.2　社区矫正事项审批告知书的撰写

结合【案例 3 –7】所给材料,制作一份《社区矫正事项审批告知书》。实例如【样表 3 –16】:

【样表 3 – 16】

社区矫正事项审批告知书

(2023)H 矫审字第 10 号

社区矫正对象贾某:

你于 2023 年 3 月 8 日,因从事长途货运为生,需要在 H 省 H 县、A 省 A 市 A 区运输线路频繁往返提出的经常性跨市县活动申请,符合有关法律、法规和社区矫正监督管理规定情形,决定予以批准。

你在进行经常性跨市县活动时,应注意遵守以下要求:

1. 在离开执行地期间遵守中华人民共和国法律法规,遵守社区矫正有关规定。

2. 随身携带定位手机并保持 24 小时电话畅通,每日向司法所汇报所处位置、活动轨迹及其他个人事项,不得无故中途停留,不得到外出目的地以外的其他地方,如若违反将按照私自外出进行处罚。

3. 此次审批有效期为 6 个月(2023 年 3 月 20 日—2023 年 9 月 19 日)。到期后如仍有经常性跨市县活动的需求,应主动向司法所再次提出申请。在此期间如有违反法律法规的情形,将对你严肃处理并取消对你外出的审批。

特此告知。

H 省 H 县社区矫正机构(公章)

2023 年 3 月 20 日

以上内容我已知晓。

社区矫正对象(签名):贾某(手签)　　　　　　　　2023 年 3 月 20 日

【拓展训练——实训项目】

案例 3 - 10

郑某，男，2001 年 10 月出生，汉族，户籍地为 X 省 L 市 A 区，居住地为 D 省 Z 市 B 区。2021 年 10 月 15 日，郑某因犯寻衅滋事罪被 D 省 Z 市 B 区人民法院判处拘役六个月，缓刑八个月，缓刑考验期自 2021 年 10 月 26 日起至 2022 年 6 月 25 日止。

2021 年 11 月 1 日，郑某到执行地司法所报到。在办理入矫手续时，他向工作人员提出想回原户籍地接受社区矫正。经工作人员了解，郑某在 Z 市没有稳定工作和收入，难以维持生活，回原户籍地执行社区矫正，至少可以多照顾父母和家庭。鉴于此情况，工作人员对郑某进行了谈话，并将相关情况及时向 Z 市 B 区司法局汇报。Z 市 B 区司法局决定让受委托的司法所按正常程序先接收郑某入矫，然后再为其办理执行地变更手续。

办理完入矫手续后，司法所工作人员对郑某进行了谈话教育，告知其根据《社区矫正法》相关规定，可以申请变更执行地，但必须由本人向受委托的司法所提出书面申请，并提供相关证明材料。同时，工作人员还告诫郑某，在执行地变更前，未经批准不得擅自离开执行地，否则将依法进行处罚。

2021 年 11 月 2 日，郑某向受委托的司法所提出书面申请，请求将矫正执行地变更至其户籍所在地。司法所经研究后同意其变更执行地，并及时将申请材料上报给 Z 市 B 区司法局审批。11 月 4 日，Z 市 B 区司法局向郑某户籍地 X 省 L 市 A 区司法局发出了《社区矫正对象执行地变更征求意见函》。11 月 16 日，Z 市 B 区司法局收到了 L 市 A 区司法局的复函，复函称同意接收郑某回户籍地接受矫正。11 月 18 日，Z 市 B 区司法局为郑某开具《社区矫正对象执行地变更决定书》和《社区矫正事项审批告知书》，书面告知郑某须于 7 日内到新执行地司法局报到。同时，Z 市 B 区司法局将郑某相关档案材料寄送给了 L 市 A 区司法局，并将有关法律文书抄送至 Z 市 B 区人民法院、Z 市 B 区人民检察院和 B 区公安分局。

结合【案例 3 - 10】所给材料,制作《社区矫正对象执行地变更审批表》《社区矫正对象执行地变更决定书》《社区矫正事项审批告知书》。

任务6　社区矫正对象月度考核记录表的制作

社区矫正对象月度考核记录表是由社区矫正机构或受委托的司法所对社区矫正对象接受监督管理,参加学习教育、公益活动等情况进行考核记录的表格式管理文书。社区矫正对象在社区矫正期间应依法对其进行考核,执行地县级社区矫正机构司法所对社区矫正对象认罪悔罪,遵守有关规定,服从监督管理,接受教育等情况实施考核,考核结果应当通知其本人,定期公示,记入档案。对未成年社区矫正对象的考核结果不予公示,但应当及时通知其监护人和矫正小组成员。本部分以《河北省社区矫正对象考核办法(试行)》为参考,对社区矫正对象月度考核记录表进行说明。

任务6.1　社区矫正对象月度考核记录表的格式

一、文书结构

《社区矫正对象月度考核记录表》主要由以下四个部分组成,参见【样表 3 - 17】。[1]

(一)首部

文书的名称是"社区矫正对象月度考核记录表",在其下方填写社区矫正对象的姓名和考核记录时间,时间具体到月份,如 2022 年 8 月。

(二)正文部分

1. 考核内容

考核内容共分为两大类:全部适用和部分适用。全部适用包括定期报告、通讯联络通畅、市县范围内活动、学习教育、公益活动等五项;部分适用包括请销假、禁止令执行、电子定位、月病情报告、提交病情复查等五项。在

---

〔1〕　参见《河北省社区矫正对象考核办法(试行)》(冀司发〔2020〕44 号)。

表格相应位置依次根据社区矫正对象的情况，填写各个项目的完成/抽查情况、完成/抽查日期、有关说明、处理结果。

2. 奖惩情况

社区矫正机构依据法律法规、部门规章和其他规范性文件的有关规定，根据社区矫正对象的表现给予奖励或处罚。此部分记录社区矫正对象在本月度受到的表扬、训诫、警告和治安管理处罚等情况。

3. 其他需要说明的情况

此部分记录社区矫正对象其他需要说明的情况。

4. 考核结果

根据社区矫正对象的思想状况、遵守法律法规及社区矫正相关规定情况、日常表现等对社区矫正对象进行综合评价。考核结果分三个等次：合格、基本合格、不合格。

（三）尾部

参加考核的工作人员确认签名，被考核人也要对月度考核进行确认和签名。

二、制作要求

（1）对社区矫正对象的考核期限自决定社区矫正的判决、裁定、决定生效之日起，至社区矫正解除或终止之日止。社区矫正对象被采取人身强制措施期间中止考核。

（2）社区矫正对象的考核结果与奖惩应当书面通知其本人，定期公示，记入档案。对未成年社区矫正对象的考核结果不予公示，但应当及时通知其监护人和矫正小组成员。

（3）社区矫正对象对考核奖惩提出异议的，执行地县级社区矫正机构应当及时处理，并将处理结果告知其本人，社区矫正对象对处理结果仍有异议的，可以向上一级社区矫正机构或人民检察院提出。

（4）患有严重疾病、怀孕、年老体弱且行动不便的、生活不能自理的社区矫正对象，经社区矫正机构批准，可以不参加集中学习教育、公益活动等活动。

【样表 3 - 17】

社区矫正对象月度考核记录表

社区矫正对象姓名：　　　　　　　　　　　　　　　　　时间：　　年　　月

适用范围	考核内容	完成/抽查情况	完成/抽查日期	有关说明	处理结果
全部适用	定期报告				
	通讯联络畅通				
	市县范围内活动				
	学习教育				
	公益活动				
部分适用	请销假				
	禁止令执行				
	电子定位				
	月病情报告				
	提交病情复查				
奖惩情况		□表扬　□训诫　□警告　□治安管理处罚			
其他需要说明的情况					
考核结果		□合格　□基本合格　□不合格			

考核人员签字：　　　　　　　　　　　　　被考核人签字：

任务 6.2　社区矫正对象月度考核记录表的撰写

案例 3 - 11

田某，男，1986 年 1 月出生，户籍地、居住地均为 H 省 S 市 T 县，因犯寻衅滋事罪被 H 省 T 县人民法院判处拘役五个月，缓刑十个月，缓刑考验期自 2020 年 12 月 14 日起至 2021 年 10 月 13 日止。2020 年 12 月 24 日，社区矫正对象田某到执行地受委托司法所报到，司法所工作人员为其办理了入矫相关手续并进行了谈话，对其犯罪原因、认罪态度、家庭及生活情况进行初步了解，针对其犯罪类型和性格特点，建立了由司法所长、司法所辅助员、村干部、志愿者为成员的矫正小组，并签订帮教协议。司法所会同矫正小组成员为田某举行了入矫宣告仪式。

社区矫正工作人员王某了解田某家庭情况后，有针对性地对其进行教育矫正，劝其多为妻子、孩子考虑，使其能感受到家庭的重要性，通过家人的帮助，让田某认识到所犯罪行的严重性，从而主动接受社区矫正。根据田某寻衅滋事罪的特点，重点引导其学习《治安管理处罚法》《刑法》与《社区矫正法》。工作人员王某定期与田某谈话，做好其思想工作，一旦发现其出现心理问题，及时进行疏导，使其摆正心态；通过每周电话汇报、每月思想汇报、每月实地走访本人、家属及所属村委会等方式，了解掌握其生活环境、家庭关系和思想动态；同时鼓励田某参加每月的公益活动，加强其社会公益心，修复社会关系，消除再犯罪可能性，实现顺利解矫，回归社会。

经过司法所的监督管理、学习教育及家人的帮助，田某逐渐认识到自己所犯罪行的严重性及危害性，在 2021 年 3 月期间，田某服从矫正管理，每周向司法所汇报，按时提交思想汇报，并在线上完成了《刑法》中关于侵犯人身权利类犯罪的学习，积极参加公益活动——核酸检测志愿服务，严格遵守社区矫正规定。

结合【案例 3 - 11】所给材料，制作一份田某在 2021 年 3 月的《社区矫正对象月度考核记录表》，实例如【样表 3 - 18】：

【样表 3－18】

社区矫正对象月度考核记录表

社区矫正对象姓名：田某　　　　　　　　　　　　　　时间：2021 年 3 月

适用范围	考核内容	完成/抽查情况	完成/抽查日期	有关说明	处理结果
全部适用	定期报告	良好	4 日、11 日、18 日、25 日		
	通讯联络畅通	畅通	1 日、8 日、15 日、22 日、29 日		
	市县范围内活动	未出界	5 日、12 日、19 日、26 日		
	学习教育	完成	31 日	线上完成	
	公益活动	核酸检测志愿服务	8～12 日		
部分适用	请销假	无			
	禁止令执行	无			
	电子定位	无			
	月病情报告	无			
	提交病情复查	无			
奖惩情况		□表扬　□训诫　□警告　□治安管理处罚			
其他需要说明的情况		无			
考核结果		□合格　□基本合格　□不合格			

考核人员签字：王某　　　　　　　　　　　　被考核人签字：田某

【课堂活动 3 - 8】

目前我国各地司法实践中，对社区矫正对象进行考核主要采用定性考核和量化考核相结合的方式，你认为哪种考核方式更加客观有效？请说明理由。

任务7　社区矫正对象管理等级调整审批表的制作

社区矫正对象管理等级调整审批表是根据社区矫正对象犯罪类型、考核结果和日常表现，由社区矫正机构或受委托的司法所对矫正对象的管理等级调整签署意见后，报经执行地县级社区矫正机构审批的表格式执法文书。我国自 2003 年开展社区矫正试点以来，各地的地方规范性文件中都对社区矫正分类管理作了较为详细的规定，《社区矫正法》充分肯定了分类管理的实践价值，在总则部分第 3 条将"分类管理、个别化矫正"确定为社区矫正的基本原则之一，并在第 24 条中对分类管理的标准作了概括规定。《社区矫正法》颁布后，一些省份在修订后的地方规范性文件中，依法对原来的分类管理规定作了一些修改。从上海、福建、山东等地新颁发的规范性文件来看，分级管理的方法继续得以沿用，2020 年 8 月出台的《河南省社区矫正工作细则》，取消了以前"严管、普管、宽管"三个管理级别的分级方法，将社区矫正分类管理设计为重点管理、普通管理两种管理类型。2020 年 12 月出台的《河北省社区矫正对象考核办法（试行）》，规定社区矫正对象实施分级管理，管理等级分为严格管理和普通管理两级。本部分以《河北省社区矫正对象考核办法（试行）》为参考，对社区矫正管理等级调整审批表进行说明。

任务7.1　社区矫正对象管理等级调整审批表的格式

一、文书结构

《社区矫正对象管理等级调整审批表》由两部分组成，参见【样表 3 - 19】。[1]

---

　〔1〕　参见《河北省社区矫正对象考核办法（试行）》（冀司发〔2020〕44 号）。

（一）首部

文书名称即"社区矫正对象管理等级调整审批表"。

（二）正文

正文中应当填写的内容包括以下方面：

1. 社区矫正对象基本信息

在表格内依次填写姓名、性别、身份证号码、户籍地、执行地、罪名、原判刑罚、附加刑、禁止令内容、禁止期限起止日、矫正类别、矫正期限、起止日、矫正对象的现管理等级以及拟调整为管理等级。

2. 调整依据

依据矫正对象提交的书面申请和相关证明材料如实进行描述。写明新执行地的区域，具体到县（区）级，简明描述矫正对象申请变更执行地的具体理由。

3. 批示意见

应由社区矫正机构或受委托司法所根据相关规定，拟写呈报单位意见，签字盖章后上报执行地县级社区矫正机构批准。

4. 备注

在此栏列明矫正对象提交的各项相关证明材料。

二、制作要求

（1）社区矫正对象自到社区矫正机构登记报道之日起三个月内，应当接受严格管理。三个月期满后，依据社区矫正对象犯罪类型、考核结果和日常表现，由社区矫正机构确定其管理等级。

（2）分级管理等级由社区矫正机构每三个月调整一次。社区矫正对象连续三个月月度考核结果均为合格的，可以调整为或维持普通管理等级。社区矫正对象三个月内月度考核结果出现两次基本合格的，或者一次不合格的，或者符合社区矫正重点人、犯危害国家安全罪的、累犯、其他重新违法犯罪风险较大的情形之一的，应当调整为或维持严格管理等级。

（3）社区矫正对象管理等级调整结果应当在社区矫正机构、司法所办公场所公示。未成年社区矫正对象的管理等级调整结果不予公示，但应当及时通知其监护人和矫正小组成员。

（4）本表一式二份，呈报单位和县级社区矫正机构各留存一份。

【样表 3 – 19】

社区矫正对象管理等级调整审批表

姓名		性别		身份证号码		
户籍地				执行地		
罪名		原判刑罚			附加刑	
禁止令内容			禁止期限 起止日		自　　年　　月　　日 至　　年　　月　　日	
矫正类别		矫正期限		起止日	自　　年　　月　　日 至　　年　　月　　日	
现管理等级				拟调整为管理 等级		
调整依据						
呈报单位 意见					（公章） 　　年　　月　　日	
县级司法 行政部门 意见					（公章） 　　年　　月　　日	
备注						

（本表一式二份，呈报单位和县级社区矫正机构各留存一份）

任务7.2 社区矫正对象管理等级调整审批表的撰写

案例 3 - 12

吕某某，男，1961年3月出生，户籍地、居住地均为J省H市。2020年8月，吕某某因犯盗窃罪被J省H市人民法院判处拘役五个月，缓刑十个月。缓刑考验期自2020年9月1日起至2021年6月30日止。2020年9月7日，J省H市社区矫正机构工作人员到吕某某（手术康复中）家中为其办理了入矫报到手续，由执行地受委托司法所负责对其开展社区矫正日常教育管理。

吕某某入矫后，司法所根据其心理特点、健康状况、犯罪类型等情况制定针对性矫正方案，对其实施分类管理、个别化矫正。2021年2月22日上午10时许，J省H市社区矫正机构工作人员在网上巡查时发现吕某某越界，疑似不假外出，因其手机处于关机状态，无法与其取得联系。矫正机构立即组织司法所工作人员、镇村干部通过上门核查、走访亲友等方式进行查找，并制作调查笔录。经多方查找无果后，J省H市社区矫正机构及时发函请求J省H市公安局帮助查找，并将组织查找的情况向J省H市人民检察院进行了通报。在公安机关的协助下，大队工作人员于当日下午18时左右与吕某某取得了联系。经教育，吕某某承认了不假外出至N省W县的违规事实，表示因忘记充电导致手机关机，承诺将搭乘最近班次的长途汽车返回H市。23日下午，吕某某从W县启程，于24日凌晨3时左右到达H市。24日上午，吕某某到司法所接受调查处理。司法所工作人员对其进行了严厉的批评教育，制作了询问笔录，固定了证据。

司法所经合议认为，吕某某未经批准擅自离开H市，前往N省W县，属于违反社区矫正监督管理规定情节较重的情形，于2021年2月24日向H市社区矫正机构提请给予其警告处分，并附相关证据材料；同时提请H市司法局对其使用电子定位装置。2021年2月25日，经H市社区矫正机构集体合议，作出给予吕某某警告处分的决定，同时经H市司法局负责人批准，决定对吕某某使用电子定位装置，期限为三个月，并在社区矫正中心和司法所进行了公示。2021年2月26日，H市社区矫正机构向吕某某宣读并送达《社区矫正警告决定书》《社区矫正使用电子定位装置决定书》及《对社区矫正对象使用电子定位装置告知书》，为其佩戴电子定位装置，并开展警示教育谈话。经教育，吕某某当场作出深刻检查，保证不会再犯，并在《社区矫正法律文书送达回执》上签字、捺印。

吕某某受到警告处分后，司法所将其管理等级从普通管理上调为严格管理，并及时调整了矫正方案。一段时间以来，吕某某法律规范意识逐步提高，社区矫正意识明显增强，能够服从社区矫正机构和司法所的管理，遵守社区矫正监督管理规定，认真履行矫正义务，矫正期满顺利解矫。

结合【案例 3 - 11】所给材料，制作一份《社区矫正对象等级调整审批表》，实例如【样表 3 - 20】：

【样表 3 - 20】

<h3 style="text-align:center">社区矫正对象管理等级调整审批表</h3>

姓名	吕某某	性别	男	身份证号码	××××××××××××××××××	
户籍地	J 省 H 市			执行地	J 省 H 市	
罪名	盗窃罪	原判刑罚		拘役五个月	附加刑	无
禁止令内容	无			禁止期限 起止日	自　　年　月　日 至　　年　月　日	
矫正类别	缓刑	矫正期限	十个月	起止日	自 2020 年 9 月 1 日 至 2021 年 6 月 30 日	
现管理等级	普通			拟调整为管理等级	严格	
调整依据	吕某某未经批准擅自离开 H 市，前往 N 省 W 县，属于违反社区矫正监督管理规定情节较重的情形，给予警告处分，并对其使用为期三个月的电子定位装置。					
呈报单位意见	根据吕某某违反监督管理规定的情节，将其管理等级从普通管理上调为严格管理。 　　　　　　　　　　　　　　H 市社区矫正机构（公章） 　　　　　　　　　　　　　　2021 年 2 月 27 日					

	续表
县级司法 行政部门 意见	同意将吕某某管理等级从普通管理上调为严格管理，请 H 市社区矫正机构及时调整吕某某的矫正方案。 H 市司法局（公章） 2021 年 3 月 1 日
备注	1. 吕某某未经批准擅自离开 H 市的证据； 2. H 市社区矫正机构对吕某某的询问笔录； 3. 向吕某某送达的法律文书副本。

（本表一式二份，呈报单位和县级社区矫正机构各留存一份）

【课堂活动 3 – 9】

请思考并讨论，我国现行的分类管理制度中，不同管理等级之间的处遇差别能否体现宽严相济的刑事政策？是否有利于提高社区矫正整体的工作效率？

【思考题】

1. 社区矫正有哪些基本的日常管理制度？
2. 社区矫正监督管理执法中存在哪些风险点？

拓展 学习

河北省社区矫正对象考核办法（试行）[1]

第一章　总则

第一条　为加强对社区矫正对象的监督管理和教育帮扶，依法规范社区矫正工作，保障刑事判决、刑事裁定和暂予监外执行决定的正确执行，维护社区矫正安全稳定，根据《中华人民共和国刑法》《中华人民共和国刑事诉讼法》《中华人民共和国社区矫正法》和《中华人民共和国社区矫正法实施办法》等相关法律法规和司法解释，制定本办法。

――――――――――

〔1〕 参见《河北省社区矫正对象考核办法（试行)》。

第二条　对社区矫正对象的考核应当坚持依法、公平、公正、公开原则，实事求是、准确及时原则，奖惩与教育相结合原则，综合考核与动态评估相结合原则。

第三条　社区矫正对象在社区矫正期间享有的合法权益，应当依法予以保护。

第四条　在实施考核过程中，社区矫正工作人员应当严肃认真、秉公执法，严禁徇私舞弊、弄虚作假。

第二章　考核

第五条　对社区矫正对象的考核自决定社区矫正的判决、裁定、决定生效之日起，至社区矫正解除或终止之日止。

因社区矫正对象死亡终止社区矫正的，社区矫正机构应当核实火化证明、死亡证明等材料，并进行实地调查。

社区矫正对象被采取人身强制措施期间中止考核。

第六条　县级社区矫正机构、司法所对社区矫正对象认罪悔罪、遵守有关规定、服从监督管理、接受教育等情况实施考核。社区矫正对象的考核结果应当通知其本人，定期公示，记入档案，对未成年社区矫正对象的考核结果不予公示，但应当及时通知其监护人和矫正小组成员。

社区矫正对象对考核奖惩提出异议的，县级社区矫正机构应当及时处理，并将处理结果告知其本人。社区矫正对象对处理结果仍有异议的，可以向上一级社区矫正机构提出。

第七条　社区矫正对象应当自判决、裁定或者决定生效之日起十日内到执行地县级社区矫正机构报到，办理社区矫正登记接收手续。需要委托司法所对社区矫正对象进行日常管理的，社区矫正机构应当告知其三日内到指定司法所报到。

第八条　社区矫正对象在社区矫正期间应当遵守法律、行政法规，履行法律文书确定的义务，遵守国务院司法行政部门关于报告、会客、外出、迁居、保外就医等监督管理规定，服从社区矫正机构的管理。

第九条　未经社区矫正机构批准，社区矫正对象不得接触其犯罪案件中的被害人、控告人、举报人，不得接触同案犯等可能诱发其再犯罪的人。

第十条　社区矫正对象应当根据社区矫正机构、司法所的要求，定期通过当面报告或电话报告、微信报告、手机 APP 报告等形式，报告遵纪守法、接受监督管理、参加教育学习、公益活动和社会活动等情况。

被宣告禁止令的社区矫正对象应当严格遵守人民法院宣告的禁止令，并定期报告遵守禁止令的情况。

社区矫正对象发生联系方式变更、居所变化、工作变动、家庭重大变故以及接触对其矫正可能产生不利影响人员等情况时，应当及时报告。

第十一条　社区矫正对象确因下列原因不能当面报告的，应当委托其家属、监护人或保证人代为提交书面情况报告，社区矫正机构、司法所应当将情况记录在案：

（一）患严重疾病且行动不便的；

（二）怀孕且行动不便的；

（三）生活不能自理的；

（四）年老体弱且行动不便的。

上述社区矫正对象，经社区矫正机构批准，可以免除参加集中学习教育、公益活动等活动。

第十二条　暂予监外执行的社区矫正对象应当每个月报告本人身体情况。保外就医的，应当到省级人民政府指定的医院检查，每三个月向社区矫正机构、司法所提交病情复查情况，并附检查化验单、影像学资料、病情诊断证明、就医诊治病历等相关材料。

保外就医的社区矫正对象因病情、治疗措施等原因，无法当面报告的，应当委托家属、监护人或保证人每个月向社区矫正机构、司法所书面报告身体情况。检查化验单、影像学资料、病情诊断证明、就医诊治病历等相关材料由其家属、监护人或保证人每三个月送交社区矫正机构、司法所。

社区矫正机构根据社区矫正对象的病情及保证人等情况，可以按照规定调整报告身体情况和提交复查情况的期限。

第十三条　社区矫正对象未经批准不得离开所居住的市、县。

社区矫正对象确因就医、就学、参与诉讼、处理家庭或者工作重要事务等原因需要离开的，或确因正常工作和生活需要经常性跨市、县活动的，应当按照有关规定办理相应手续。

第十四条 社区矫正对象不得出境，不得申请办理出入境证件。

第十五条 社区矫正对象未经社区矫正机构批准不得变更社区矫正执行地。

社区矫正对象因工作、居所变化等原因确需变更执行地的，应当按照规定办理相关审批手续。经批准同意变更的，社区矫正对象应当自收到变更执行地决定之日起七日内，到新执行地县级社区矫正机构报到。

第十六条 社区矫正对象应当遵守信息化核查、通讯联络规定，配合工作人员的监督管理。

采取电子定位装置进行监管的社区矫正对象，拒绝使用、未按要求使用或故意损毁定位装置的，应当区别情形依法作出处理。

第十七条 社区矫正对象应当遵守社区矫正机构关于教育帮扶的有关规定，按要求接受集中教育、个别教育和心理矫正，参加公益活动。

第十八条 社区矫正对象考核按月进行，考核结果分为合格、基本合格、不合格三种：

（一）社区矫正对象认罪悔罪、遵守法律法规和社区矫正相关监管规定的，考核结果为合格。

（二）社区矫正对象违反社区矫正相关监管规定，受到批评教育立即改正的，考核结果为基本合格。

（三）社区矫正对象违反法律法规或社区矫正相关监管规定，受到训诫、警告或治安管理处罚的，或者被提请收监执行的，考核结果为不合格。

第三章 分级管理

第十九条 社区矫正对象实施分级管理，管理等级分为严格管理和普通管理两级。

社区矫正对象自到社区矫正机构登记报到之日起三个月内，应当接受严格管理。

三个月期满后，依据社区矫正对象犯罪类型、考核结果和日常表现，由社区矫正机构确定其管理等级。

第二十条 分级管理等级由社区矫正机构按每三个月调整一次。

社区矫正对象连续三个月月度考核结果均为合格的，可以调整为或维持普通管理等级。

社区矫正对象三个月内月度考核结果出现两次基本合格的，或者一次不合格的，或者符合下列情形之一的，应当调整为或维持严格管理等级。

（一）社区矫正重点人；

（二）犯危害国家安全罪的；

（三）累犯；

（四）其他重新违法犯罪风险较大的。

第二十一条　社区矫正机构、司法所应当根据社区矫正对象的管理等级，实施相应的管理处遇。

（一）严格管理的社区矫正对象，每周报告不少于一次、每半月当面报告不少于一次，外出请假审批从严限制。

（二）普通管理的社区矫正对象，每半月报告不少于一次、每月当面报告不少于一次。

社区矫正机构、司法所应当为社区矫正对象指定每次报告的具体日期，并将报告情况记录在案。

第二十二条　社区矫正对象管理等级调整结果应当在社区矫正机构、司法所办公场所公示。未成年社区矫正对象的管理等级调整结果不予公示，但应当及时通知其监护人和矫正小组成员。

第四章　奖惩

第二十三条　社区矫正对象符合奖励条件或具有处罚情形的，社区矫正机构应当及时调查核实，形成相关证明材料。

证明材料包括予以奖励或处罚的事实材料、社区矫正对象日常表现证明、其他有关证人证言、书证、物证以及社区矫正机构、司法所意见等。

社区矫正机构根据调查核实情况，决定相关处理意见。

第二十四条　社区矫正对象认罪悔罪、遵守法律法规、服从监督管理、接受教育表现突出的，应当给予表扬。

社区矫正对象接受社区矫正六个月以上并且同时符合下列条件的，社区矫正机构可以给予表扬：

（一）服从人民法院判决，认罪悔罪；

（二）遵守法律法规；

（三）遵守关于报告、会客、外出、迁居等规定，服从社区矫正机构的管理；

（四）积极参加教育学习等活动，接受教育矫正的。

社区矫正对象接受社区矫正期间，有见义勇为、抢险救灾等突出表现，或者帮助他人、服务社会等突出事迹的，社区矫正机构可以给予表扬，符合法定减刑条件的，由社区矫正机构提出减刑建议。

社区矫正对象的表扬情况应当在社区矫正机构、司法所办公场所公示。未成年社区矫正对象的表扬情况不予公示，但应当及时通知其监护人和矫正小组成员。

第二十五条　社区矫正对象符合法定减刑条件的，由社区矫正机构提出减刑建议。

第二十六条　社区矫正机构拟对社区矫正对象提出减刑建议，应当依照相关规定，在社区矫正对象执行地的村（居）范围内进行公示，公示时间为七天。公示内容应当包括：

（一）社区矫正对象的姓名；

（二）原判认定的罪名、矫正类别和矫正期限；

（三）社区矫正机构的减刑建议和依据；

（四）公示期限；

（五）意见反馈方式等。

对未成年社区矫正对象提请减刑不适用本条规定。

第二十七条　社区矫正对象有下列情形之一的，社区矫正机构应当给予训诫：

（一）不按规定时间报到或者接受社区矫正期间脱离监管，未超过十日的；

（二）违反关于报告、会客、外出、迁居等规定，情节轻微的；

（三）不按规定参加教育学习等活动，经教育仍不改正的；

（四）其他违反监督管理规定，情节轻微的。

第二十八条　社区矫正对象有下列情形之一的，社区矫正机构应当给予警告：

（一）违反人民法院禁止令，情节轻微的；

（二）不按规定时间报到或者接受社区矫正期间脱离监管，超过十日的；

（三）违反关于报告、会客、外出、迁居等规定，情节较重的；

（四）保外就医的社区矫正对象无正当理由不按时提交病情复查情况，经教育仍不改正的；

（五）受到社区矫正机构两次训诫，仍不改正的；

（六）其他违反监督管理规定，情节较重的。

第二十九条　社区矫正对象违反监督管理规定或者人民法院禁止令，依法应予治安管理处罚的，社区矫正机构应当及时提请同级公安机关依法给予处罚。

第三十条　社区矫正对象在缓刑考验期内，有下列情形之一的，由执行地同级社区矫正机构提出撤销缓刑建议：

（一）违反禁止令，情节严重的；

（二）无正当理由不按规定时间报到或者接受社区矫正期间脱离监管，超过一个月的；

（三）因违反监督管理规定受到治安管理处罚，仍不改正的；

（四）受到社区矫正机构两次警告，仍不改正的；

（五）其他违反有关法律、行政法规和监督管理规定，情节严重的情形。

第三十一条　社区矫正对象在假释考验期内，有下列情形之一的，由执行地同级社区矫正机构提出撤销假释建议：

（一）无正当理由不按规定时间报到或者接受社区矫正期间脱离监管，超过一个月的；

（二）受到社区矫正机构两次警告，仍不改正的；

（三）其他违反有关法律、行政法规和监督管理规定，尚未构成新的犯罪的。

第三十二条　暂予监外执行的社区矫正对象有下列情形之一的，由执行地县级社区矫正机构提出收监执行建议：

（一）不符合暂予监外执行条件的；

（二）未经社区矫正机构批准擅自离开居住的市、县，经警告拒不改正，或者拒不报告行踪，脱离监管的；

（三）因违反监督管理规定受到治安管理处罚，仍不改正的；

（四）受到社区矫正机构两次警告的；

（五）保外就医期间不按规定提交病情复查情况，经警告拒不改正的；

（六）暂予监外执行的情形消失后，刑期未满的；

（七）保证人丧失保证条件或者因不履行义务被取消保证人资格，不能在规定期限内提出新的保证人的；

（八）其他违反有关法律、行政法规和监督管理规定，情节严重的情形。

第三十三条　暂予监外执行社区矫正对象有脱离监管情形的，自该情形发生之日起至被采取刑事强制措施或被收监前一日止，不计入执行刑期。社区矫正机构应当在收监执行建议书中说明不计入执行刑期情况，并附有关证明材料。

第三十四条　对已被提请撤销缓刑、撤销假释和收监执行的社区矫正对象，社区矫正机构应当加强监管。

社区矫正对象脱离监管的，社区矫正机构应当立即组织查找。查找不到的，社区矫正机构应当立即报告执行地社区矫正委员会协调公安机关查找。

第五章　附则

第三十五条　本办法所称"以上""内"包括本数；"超过"不包括本数。

第三十六条　本办法自 2021 年 1 月 1 日起实施，河北省司法厅《关于印发〈河北省社区服刑人员考核办法（试行）〉的通知》（冀司通〔2016〕51号）同时废止。

附件：1. 社区矫正对象月度考核记录表

　　　2. 社区矫正对象管理等级调整审批表

社区矫正奖惩工作文书制作

知识目标：掌握社区矫正奖惩工作各类文书的适用情形、具体格式和制作要求；

能力目标：具备制作社区矫正奖惩审批表、决定书、建议书等各类文书的基本能力；

素质目标：培养学生良好的文书写作素养；忠诚敬业、履职尽责的职业道德和社会责任感；知法懂法守法护法的法律意识。

知识树

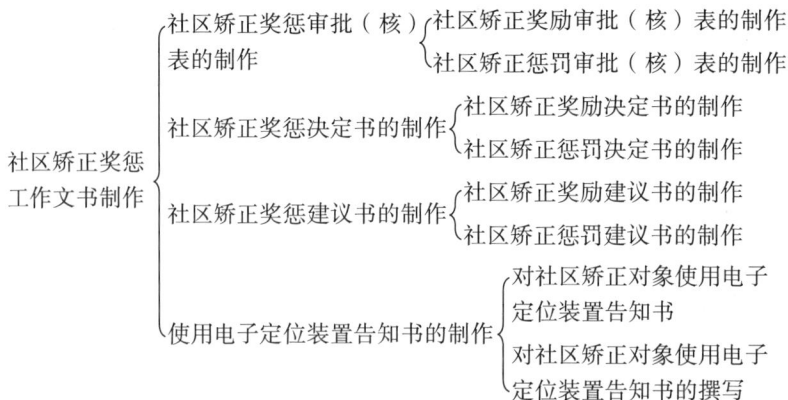

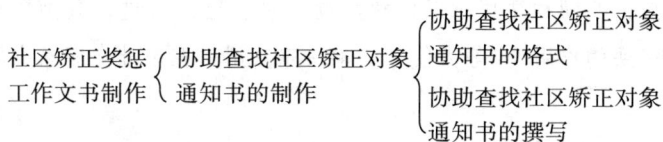

社区矫正奖惩工作文书制作 ┤协助查找社区矫正对象通知书的制作 ┤协助查找社区矫正对象通知书的格式
协助查找社区矫正对象通知书的撰写

案例 4-1

在××司法所集中教育学习课上，工作人员将表扬告知书交到王某某手中，并组织其他社区矫正对象学习王某某的优秀事迹。"王某某，在社区矫正期间，严格遵守社区矫正各项规定，服从司法所监督管理。自 2020 年新冠疫情发生后，王某某积极主动参加各项志愿服务活动，被××镇党委政府评为最美群众志愿者。2020 年 7 月，王某某又积极响应政府号召，主动参加防汛抗洪志愿服务队，并担任所在单位组成的突击小组组长，一直奋战在防汛抗洪一线。现依据《社区矫正法》第 28 条、《社区矫正法实施办法》第 33 条第 3 款，依法决定给予你表扬一次。"这是《社区矫正法》实施以来××区司法局对社区矫正对象开出的首例社区矫正表扬决定书。王某某表示："我曾因一时冲动触犯了法律，事后一直特别后悔，现在尽自己所能为社会做一些贡献，希望能弥补以前的错误。我感到非常高兴，同时也特别感谢司法所各位领导、老师对我的教育和帮助，给了我重新融入社会的勇气和机会，今后我一定继续努力。"

王某某的个人变化，既展现了其本人悔过自新、积极回归社会的态度，也体现了社区矫正监督管理和教育帮扶工作的成效。自《社区矫正法》实施以来，各地社区矫正机构采取多种举措加强对社区矫正对象的日常监督和教育管控，引导他们自觉遵纪守法，积极参加志愿活动，主动修复社会关系，激励其向善生活、向好回归。

党的二十大报告指出，"法治社会是构筑法治国家的基础。弘扬社会主义法治精神，传承中华优秀传统法律文化，引导全体人民做社会主义法治的忠实崇尚者、自觉遵守者、坚定捍卫者。""深入开展法治宣传教育，增强全民法治观念。推进多层次多领域依法治理，提升社会治理法治化水平。"奖惩工作是社区矫正监督管理工作中非常重要的一项内容，通过奖惩，对社区矫正对象起到教育警示的作用。根据日常的监督管理、考核结果和矫正对象的矫正情况，对其进行相应的奖励和惩罚，以发挥鼓励先进、鞭策后进，激励矫正对象积极矫正、遵纪守法的作用，"努力使尊法学法守法用法在全社会蔚然成风。"

任务1　社区矫正奖惩审批（核）表的制作

社区矫正奖惩审批（核）表是社区矫正机构拟对社区矫正对象依法给予奖励或惩罚的程序性法律文书。本文书是根据《社区矫正法》第28条、第29条以及《社区矫正法实施办法》第33条至第36条、第42条、第46条、第47条、第49条的规定制作，用于给予社区矫正对象表扬、训诫、警告、对其使用电子定位装置以及提请治安管理处罚、撤销缓刑、撤销假释、收监执行、减刑、逮捕的审批（核），审批（核）后存档。

任务1.1　社区矫正奖励审批（核）表的制作

社区矫正机构在对社区矫正对象综合考核结果的基础上，根据有关法律法规及相关规定，对在矫正过程中表现突出的社区矫正对象进行奖励。对社区矫正对象的奖励主要分为行政奖励和刑事奖励两大类，行政奖励一般是指表扬，社区矫正机构拟对社区矫正对象依法给予表扬奖励时，用于内部审批程序性的法律文书即"社区矫正表扬审批表"；刑事奖励也称司法奖励，是指减刑，当社区矫正对象符合减刑法定条件，社区矫正机构拟向中级以上人民法院提请减刑时，用于内部逐级审核的法律文书即"提请减刑审核表"。

一、社区矫正表扬审批表的制作

社区矫正表扬审批表是社区矫正机构拟对社区矫正对象依法给予表扬而进行内部审批所使用的法律文书。对社区矫正对象给予表扬是社区矫正机构依法进行的一项重要监督管理工作，不仅是对社区矫正对象的良好表现给予及时反馈，而且能够激励他们悔过自新，感恩社会，对预防和减少社区矫正对象重新犯罪、促进其顺利融入社会起到积极作用。

（一）社区矫正表扬审批表的格式

社区矫正表扬审批表属于表格式文书，主要由三部分组成，参见【样

表 4-1】。

1. 首部

首部即该文书的标题：社区矫正表扬审批表。

2. 正文

正文中应当填写的内容包括以下三个方面：

（1）社区矫正对象基本信息。在表格内依次填写姓名、性别、身份证号码、户籍地、执行地、罪名、原判刑罚、附加刑、禁止令内容、禁止期限起止日、矫正类别、矫正期限、起止日。

（2）事实及依据。这部分是审批表的核心内容。拟对社区矫正对象给予表扬决定的行为，应符合《社区矫正法》第 28 条、《社区矫正法实施办法》第 33 条规定的适用条件；应对社区矫正对象的行为进行具体客观的表述，包括时间、地点、事由等，事实理由应客观具体、完整明确、脉络清晰、层次分明。

（3）批示意见。由呈报单位拟写出申报意见，签名盖章后报县级社区矫正机构进行审批。县级社区矫正机构应当根据《社区矫正法》《社区矫正法实施办法》之规定以及呈报单位报送的相关材料和事迹进行审核，并作出相应的处理意见。其中，呈报单位包括受委托的司法所以及社区矫正中队等。在制作时可删除"县级司法行政部门负责人意见"一栏。

3. 备注

备注栏没有明确的填写要求，可以列明提供的证据材料名称和页码。

【样表 4-1】

社区矫正表扬审批表

姓名		性别		身份证号码	
户籍地				执行地	

续表

罪名		原判刑罚		附加刑	
禁止令内容			禁止期限 起止日	自　年　月　日 至　年　月　日	
矫正类别		矫正期限	起止日	自　年　月　日 至　年　月　日	
事实及依据					
呈报单位 意见				（公章） 　　年　月　日	
县级社区 矫正机构 意见				（公章） 　　年　月　日	
县级司法行 政部门负 责人意见				（公章） 　　年　月　日	
备注					

（二）社区矫正表扬审批表的撰写

案例 4 - 2

顾某某，男，户籍地为 A 省 B 市 C 区 D 街道，因犯诈骗罪被人民法院判处有期徒刑两年，缓刑三年。判决生效后，顾某某在 D 司法所依法接受社区矫正，矫正期间自 2020 年 10 月 10 日起至 2023 年 10 月 9 日止。社区矫正期间，顾某某认真接受教育学习，遵守法律法规，服从监督管理，积极修复社会关系，积极参加集体学习和公益活动，在社区矫正期间从未受到训诫、警告等处分，连续多次季度考核结果为良好。2022 年 3 月至 5 月份疫情期间，顾某某积极主动报名参加社区疫情防控志愿服务工作，充分展现了其善良奉献精神和社会责任感，在社区矫正对象群体中起到了积极的示范和正面的引导作用。现拟对顾某某给予社区矫正表扬。

请以【案例4-2】为材料，制作《社区矫正表扬审批表》，实例如【样表4-2】：

【样表4-2】

社区矫正表扬审批表

姓名	顾某某	性别	男	身份证号码	××××××××××××××××××		
户籍地	A省B市C区D街道			执行地	A省B市C区		
罪名	诈骗罪		原判刑罚	有期徒刑两年	附加刑		无
禁止令内容	无			禁止期限 起止日	自　年　月　日 至　年　月　日		
矫正类别	缓刑	矫正期限	三年	起止日	自2020年10月10日 至2023年10月9日		
事实及依据	顾某某在社区矫正期间，认真接受教育学习，遵守法律法规，服从监督管理，积极修复社会关系，积极参加集体学习和公益活动。在社区矫正期间从未受到训诫、警告等处分，连续多次季度考核结果为良好。2022年3月至5月份疫情期间，顾某某积极主动报名参加社区疫情防控志愿者工作，充分展现了其善良奉献精神和社会责任感，在社区矫正对象群体中起到了积极的示范和正面的引导作用。 根据《中华人民共和国社区矫正法》第二十八条、《中华人民共和国社区矫正法实施办法》第三十三条规定，拟给予顾某某表扬一次。						
呈报单位意见	建议给予表扬，报××市××区社区矫正机构审批。 　　　　　　　　　　　　　　D司法所（公章） 　　　　　　　　　　　　　　2022年6月1日						
县级社区矫正机构意见	同意给予表扬。 　　　　　　　　　B市C区社区矫正机构（公章） 　　　　　　　　　　　　　　2022年6月5日						
备注	1. 季度考核结果；2. 参加社区疫情防控志愿服务的证明材料。						

二、提请减刑审核表的制作

提请减刑审核表是社区矫正对象符合减刑的法定条件，社区矫正机构拟向中级以上人民法院提请减刑时，进行内部逐级审核的程序性法律文书。该文书根据《刑事诉讼法》第 273 条第 2 款、《社区矫正法》第 33 条、《社区矫正法实施办法》第 42 条的规定制作。

（一）提请减刑审核表的格式

提请减刑审核表属于表格式文书，共分为首部、正文、尾部三个部分。参见【样表 4 - 3】。

1. 首部

首部即该文书的标题：提请减刑审核表。

2. 正文

（1）社区矫正对象基本信息。该部分包括姓名、性别、民族、身份证号码、户籍地、执行地、罪名、原判刑罚、附加刑、禁止令情况、社区矫正类别、社区矫正期限、社区矫正起止日期等信息。

（2）事实及依据。这部分是审核表的核心内容。社区矫正对象应符合《刑法》第 78 条规定的减刑条件；呈报单位应对社区矫正对象的悔改、立功、重大立功等表现进行具体客观表述，包括时间、地点、事由等，事实理由应客观具体、完整明确、脉络清晰、层次分明。

（3）批示意见。由呈报单位拟写出申报意见，签名盖章后报县级社区矫正机构进行审批。呈报单位包括受委托的司法所以及社区矫正中队等。

县级社区矫正机构对所报送的相关材料进行审核，并根据社区矫正对象确有悔改表现或立功、重大立功表现的具体事实，填写《社区矫正对象减刑建议书》，连同《提请减刑审核表》、其他证据材料报送地市社区矫正机构审核。

地市社区矫正机构对材料进行审核，认为符合法定减刑条件的，在《提请减刑审核表》上签署意见，向执行地中级人民法院提请减刑裁定，并移送下列材料：①《社区矫正对象减刑建议书》；②终审法院的裁判文书、执行通知书、历次减刑裁定书的复制件；③罪犯确有悔改或者立功、重大立功表现的具体事实的书面证明材料；④罪犯评审鉴定表、奖惩审批表等；⑤其他根据案件的审理需要移送的材料。

　　建议依法应由高级人民法院裁定的减刑案件，由执行地县级社区矫正机构提出减刑建议书并附相关证据材料，逐级上报省级社区矫正机构审核同意后，由省级社区矫正机构提请执行地的高级人民法院裁定。

　　相关审批意见栏如不使用，可以在打印时删除。

　　3. 尾部

　　备注栏没有明确的填写要求，可以列明提供的证据材料名称和页码。另外，该文书应当随同卷宗报送人民法院。

【样表 4-3】

提请减刑审核表

姓名		性别		身份证号码		
户籍地				执行地		
罪名		原判刑罚			附加刑	
禁止令内容			禁止期限 起止口	自　年　月　日 至　年　月　日		
矫正类别		矫正期限		起止日	自　年　月　日 至　年　月　日	
事由及依据						
呈报单位意见				（公章） 年　月　日		

续表

县级社区 矫正机构 意见	（公章） 年　月　日
地市社区 矫正机构 审核意见	（公章） 年　月　日
省级社区 矫正机构 审核意见	（公章） 年　月　日
备注	

注：此表随建议书一并报送人民法院（公安机关、监狱管理机关）。

（二）提请减刑审核表的撰写

🔍 **案例 4 - 3**

吴某，男，户籍地为 A 省 B 市 C 区 D 街道，2021 年 9 月 10 日，因犯非法制造枪支、弹药罪被 B 市中级人民法院判处有期徒刑三年，缓刑四年。判决生效后，吴某在 D 司法所依法接受社区矫正，矫正期限自 2021 年 9 月 21 日起至 2025 年 9 月 20 日止。2022 年 6 月 16 日，吴某协助民警制服一名当街持刀行凶的歹徒，经当地派出所推荐，吴某等人获得了见义勇为基金会颁发的表彰证书和奖金。司法局得知这一线索后实地调查核实，认为吴某见义勇为属于重大立功表现，现拟对吴某提请减刑。

请以【案例 4 - 3】为材料，制作《提请减刑审核表》，实例如【样表4 - 4】：

【样表 4 – 4】

提请减刑审核表

姓名	吴某	性别	男	身份证号码	×××××××××××××××	
户籍地	A 省 B 市 C 区 D 街道			执行地	A 省 B 市 C 区	
罪名	非法制造枪支、弹药罪	原判刑罚	有期徒刑三年	附加刑	无	
禁止令内容	无			禁止期限起止日	自　年　月　日 至　年　月　日	
矫正类别	缓刑	矫正期限	四年	起止日	自 2021 年 9 月 21 日 至 2025 年 9 月 20 日	
事实及依据	2022 年 6 月 16 日，社区矫正对象吴某协助民警制服一名当街持刀行凶的歹徒，经当地派出所推荐，吴某获得了见义勇为基金会颁发的表彰证书和奖金。司法局实地调查核实，认为吴某见义勇为属于重大立功表现，符合应当提请减刑的法定情形。 根据《中华人民共和国刑法》第七十八条、《中华人民共和国社区矫正法》第三十三条以及《中华人民共和国社区矫正法实施办法》第四十二条的规定，拟对吴某提请减刑。					
呈报单位意见	拟同意，报 B 市 C 区社区矫正机构审批。 D 司法所（公章） 2022 年 7 月 1 日					
县级社区矫正机构意见	拟同意，报 B 市社区矫正机构审批。 B 市 C 区社区矫正机构（公章） 2022 年 7 月 5 日					
地市社区矫正机构审核意见	拟同意，报 B 市中级人民法院裁定减刑。 B 市社区矫正机构（公章） 2022 年 7 月 10 日					
备注	1. 季度考核结果；2. 吴某见义勇为的相关证明材料。					

任务1.2　社区矫正惩罚审批（核）表的制作

在社区矫正过程中，社区矫正对象违反法律法规或者社区矫正监督管理规定的，应视情节轻重依法给予行政或刑事处罚，根据作出惩罚决定的机关性质不同，对社区矫正对象的惩罚种类分为行政惩罚和刑事惩罚。行政惩罚由社区矫正机构或公安机关作出，包括训诫、警告、治安管理处罚、行政拘留等；刑事惩罚由社区矫正机构提请人民法院或者监狱作出，一般包括撤销缓刑、撤销假释、暂予监外执行罪犯收监执行。此类法律文书主要分为两类：社区矫正训诫（警告、使用电子定位装置）审批表以及提请治安管理处罚（撤销缓刑、撤销假释、收监执行、逮捕）审核表。

一、社区矫正训诫（警告、使用电子定位装置）审批表的制作

社区矫正训诫（警告、使用电子定位装置）审批表是根据《社区矫正法》第28条、第29条以及《社区矫正法实施办法》第34条、第35条、第37条的规定制作。用于给予社区矫正对象训诫、警告以及对其使用电子定位装置的审批，审批后存档。

社区矫正训诫审批表是社区矫正机构对违反法律法规或者监督管理规定的社区矫正对象，经内部审批符合给予训诫条件并依法决定给予训诫的法律文书。社区矫正机构发现社区矫正对象符合训诫情形的，应当立即派员调查核实情况，收集有关证明材料。

社区矫正警告审批表是社区矫正机构对违反法律法规或者监督管理规定的社区矫正对象，经内部审批符合给予警告条件并依法决定给予警告的法律文书。社区矫正机构发现社区矫正对象符合警告情形的，应当立即启动调查核实程序，收集有关证明材料。给予警告处罚时，应当严格按照法律规定的程序和条件进行，既要维护执法权威和司法公信力，也要保障社区矫正对象的合法权益。

社区矫正使用电子定位装置审批表是社区矫正对象因违反法律法规或者监督管理规定符合可以使用电子定位装置情形，经县级司法行政部门负责人批准，对社区矫正对象依法决定使用电子定位装置的法律文书。电子定位装置是指运用卫星等定位技术，能对社区矫正对象进行定位等监管，并具有防

拆、防爆、防水等性能的专门的电子设备，如电子定位腕带等，但不包括手机等设备。对社区矫正对象采取电子定位装置进行监督管理的，应当告知社区矫正对象监管的期限、要求以及违反监管规定的后果。这种"外松内紧"的管理方式，实现了24小时的有效管理，确保了监管效率和监管精确度，体现了刑事执行的强制性、惩罚性和严肃性。

（一）社区矫正训诫（警告、使用电子定位装置）审批表的格式

社区矫正训诫（警告、使用电子定位装置）审批表属于表格式文书，主要由三部分组成，参见【样表4-5】。

1. 首部

首部即该文书的标题：社区矫正训诫（警告、使用电子定位装置）审批表。

2. 正文

正文主要由三部分组成，包括：

（1）社区矫正对象基本信息。在表格内依次填写姓名、性别、身份证号码、户籍地、执行地、罪名、原判刑罚、附加刑、禁止令内容、禁止期限起止日、矫正类别、矫正期限、起止日。

（2）事实及依据。这部分是审批表的核心内容。拟对社区矫正对象给予训诫、警告和使用电子定位装置的行为，应分别符合《社区矫正法实施办法》第34条、第35条，《社区矫正法》第29条规定的适用条件；应对社区矫正对象的行为进行具体客观的表述，包括时间、地点、事由等，事实理由应客观具体、完整明确、脉络清晰、层次分明。

（3）批示意见。由呈报单位拟写出申报意见，签名盖章后报县级社区矫正机构进行审批。县级社区矫正机构应当根据《社区矫正法》、《社区矫正法实施办法》、审批表以及社区矫正对象违反监督管理规定的事实、证据进行审核，并作出相应的处理意见。其中，呈报单位包括受委托的司法所以及社区矫正中队等。

社区矫正训诫（警告）审批表在制作时可结合实际删除"县级司法行政部门负责人意见"一栏。

使用电子定位装置审批应当经县级司法行政部门负责人审批。

3. 尾部

备注栏没有明确的填写要求，可以列明提供的证据材料名称和页码。

当对社区矫正对象撤销缓刑、撤销假释、收监执行时，该文书应连同有关建议书、训诫决定书、警告决定书等材料组卷，一并报有关人民法院、公安机关、监狱管理机关。

【样表 4 – 5】

<table>
<tr><td colspan="8" align="center">社区矫正训诫（警告、使用电子定位装置）审批表</td></tr>
<tr><td>姓名</td><td></td><td>性别</td><td></td><td>身份证号码</td><td colspan="3"></td></tr>
<tr><td>户籍地</td><td colspan="3"></td><td>执行地</td><td colspan="3"></td></tr>
<tr><td>罪名</td><td colspan="2"></td><td>原判刑罚</td><td></td><td>附加刑</td><td colspan="2"></td></tr>
<tr><td>禁止令
内容</td><td colspan="3"></td><td>禁止期限
起止日</td><td colspan="3">自　年　月　日
至　年　月　日</td></tr>
<tr><td>矫正类别</td><td colspan="2"></td><td>矫正期限</td><td></td><td>起止日</td><td colspan="2">自　年　月　日
至　年　月　日</td></tr>
<tr><td>事实及依据</td><td colspan="7"></td></tr>
<tr><td>呈报单位
意见</td><td colspan="7">（公章）
年　月　日</td></tr>
<tr><td>县级社区
矫正机构
意见</td><td colspan="7">（公章）
年　月　日</td></tr>
<tr><td>县级司法行
政部门负
责人意见</td><td colspan="7">（公章）
年　月　日</td></tr>
<tr><td>备注</td><td colspan="7"></td></tr>
</table>

（二）社区矫正训诫（警告、使用电子定位装置）审批表的撰写

1. 社区矫正训诫审批表的撰写

案例 4-4

杜某，男，因犯故意伤害罪，被人民法院判处有期徒刑九个月，缓刑一年。2021 年 6 月 15 日判决书发生效力后，杜某未按《社区矫正法》的规定时间报到。社区矫正工作人员对其进行了查找，并督促杜某于 6 月 29 日到社区矫正中心完成报到手续。7 月 1 日，社区矫正工作人员对杜某进行了调查取证，查证杜某未按规定报到且无正当理由的违规情形。现拟对杜某给予社区矫正训诫。

请以【案例 4-4】为材料，制作《社区矫正训诫审批表》，实例如【样表 4-6】：

【样表 4-6】

社区矫正训诫审批表

姓名	杜某	性别	男	身份证号码	××××××××××××××××××	
户籍地	×× 省 ×× 市 ×× 区 ×× 街道 ×× 小区 × 栋 ×× 号			执行地	×× 省 ×× 市 ×× 区	
罪名	故意伤害罪	原判刑罚		有期徒刑九个月	附加刑	无
禁止令内容	无			禁止期限 起止日	自　年　月　日 至　年　月　日	
矫正类别	缓刑	矫正期限	一年	起止日	自 2021 年 6 月 15 日 至 2022 年 6 月 14 日	
事实及依据	杜某在 2021 年 6 月 15 日判决书发生效力后，未按《中华人民共和国社区矫正法》的规定按时报到。社区矫正工作人员对其进行了查找，并督促杜某于 6 月 29 日到区社区矫正中心完成报到手续。7 月 1 日，社区矫正工作人员对杜某进行了调查取证，查证杜某未在规定的十日内到执行地社区矫正机关报到，无正当理由超过规定期限三日。					

续表

事实及依据	根据《中华人民共和国社区矫正法》第二十八条、《中华人民共和国社区矫正法实施办法》第三十四条规定，拟给予杜某训诫一次。
呈报单位意见	建议给予训诫，报××市××区社区矫正机构审批。 ××司法所（公章） ××年××月××日
县级社区矫正机构意见	同意给予训诫。 ××市××区社区矫正机构（公章） ××年××月××日
备注	杜某未按时报到的证明材料。

2. 社区矫正警告审批表的撰写

案例 4-5

胡某，男，因犯盗窃罪被人民法院判处拘役六个月、缓刑一年。判决生效后，依法实施社区矫正，矫正期间自 2021 年 8 月 31 日起至 2022 年 8 月 30 日止。胡某社区矫正期间，经××区司法局和××区公安分局大数据核查外出情况，发现胡某未经司法所许可擅自离开××市，自 2022 年 1 月份以来，不假外出去邻市达 8 次。经司法所调查核实，因胡某父亲在住院治疗，胡某抱着侥幸心理，未向司法所履行请假手续擅自前往邻市，现拟对胡某给予社区矫正警告。

请以【案例 4-5】为材料，制作《社区矫正警告审批表》，实例如【样表 4-7】：

【样表 4-7】

社区矫正警告审批表

姓名	胡某	性别	男	身份证号码	×××××××××××××××
户籍地	×× 省 ×× 市 ×× 区 ×× 街道 ×× 小区 × 栋 ×× 号			执行地	×× 省 ×× 市 ×× 区
罪名	盗窃罪	原判刑罚		拘役六个月	附加刑　无
禁止令内容	无			禁止期限起止日	自　年　月　日 至　年　月　日
矫正类别	缓刑	矫正期限	一年	起止日	自 2021 年 8 月 31 日 至 2022 年 8 月 30 日
事实及依据	胡某社区矫正期间，经 ×× 区司法局和 ×× 区公安分局大数据核查外出情况，发现胡某未经司法所许可擅自离开 ×× 市，自 2022 年 1 月份以来，不假外出去邻市达 8 次。 根据《中华人民共和国社区矫正法》第二十八条、《中华人民共和国社区矫正法实施办法》第三十五条规定，拟给予胡某社区矫正警告一次。				
呈报单位意见	建议给予警告，报 ×× 市 ×× 区社区矫正机构审批。 ×× 司法所（公章） ×× 年 ×× 月 ×× 日				
县级社区矫正机构意见	同意给予警告。 ×× 市 ×× 区社区矫正机构（公章） ×× 年 ×× 月 ×× 日				
备注	1. 司法所关于胡某未经批准外出的情况说明； 2. 向胡某父亲调查情况的调查笔录； 3. 询问胡某的询问笔录； 4. 胡某在邻市的大数据活动轨迹； 5. 胡某在邻市的手机定位截图等。				

3. 社区矫正使用电子装置审批表的撰写

案例 4 - 6

郑某，男，因犯交通肇事罪被人民法院判处有期徒刑二年，缓刑二年六个月。判决生效后，依法实施社区矫正，矫正期限自 2019 年 1 月 11 日起至 2021 年 7 月 10 日止。郑某自入矫报到以来，接受社区矫正意识差，多次出现违反监督管理规定的行为，依法被给予训诫、警告处罚。2020 年 11 月 1 日至 5 日，郑某再次违反监督管理规定，无正当理由未经批准私自外出到×××市，期间工作人员组织查找并多次催促其立即返回，郑某置若罔闻，直至 5 日 22 点才返回××市家中。11 月 6 日，××市公安局给予郑某行政拘留七日并处罚款 200 元的处罚。为严肃社区矫正纪律，加强监督管理，对全市社区矫正对象给予警示，现拟对郑某使用电子定位装置。

请以【案例 4 - 6】为材料，制作《社区矫正使用电子定位装置审批表》，实例如【样表 4 - 8】：

【样表 4 - 8】

社区矫正使用电子定位装置审批表

姓名	郑某	性别	男	身份证号码	××××××××××××××××××	
户籍地	××省××市××区××街道××小区×栋××号			执行地	××省××市××区	
罪名	交通肇事罪	原判刑罚		有期徒刑两年	附加刑	无
禁止令内容	无			禁止期限起止日	自　年　月　日 至　年　月　日	
矫正类别	缓刑	矫正期限	两年六个月	起止日	自 2019 年 1 月 11 日 至 2021 年 7 月 10 日	

续表

事实及依据	郑某在社区矫正期间，接受社区矫正意识差，多次出现违反监督管理规定的行为，依法被给予训诫、警告处罚。2020年11月1日至5日，郑某再次违反监督管理规定，无正当理由未经批准私自外出到×××市，期间工作人员组织查找并多次催促其立即返回，郑某置若罔闻，直至5日22点才返回××市家中。11月6日，××市公安局给予郑某行政拘留七日并处罚款200元的处罚。根据《中华人民共和国社区矫正法》第二十九条规定，拟对郑某使用电子定位装置三个月。
呈报单位意见	建议使用电子定位装置三个月，报××市××区社区矫正机构审批。 ××司法所（公章） ××年××月××日
县级社区矫正机构意见	同意。 ××市××区社区矫正机构（公章） ××年××月××日
备注	1. 司法所关于郑某未经批准外出的情况说明； 2. 对郑某的训诫、警告决定书； 3. 郑某在×××市的大数据活动轨迹； 4. 工作人员多次催促郑某的记录清单； 5. 郑某收到的治安管理处罚决定书。

二、提请治安管理处罚（撤销缓刑、撤销假释、收监执行、逮捕）审核表

提请治安管理处罚（撤销缓刑、撤销假释、收监执行、逮捕）审核表是社区矫正机构拟对社区矫正对象提出治安管理处罚、撤销缓刑、撤销假释、收监执行、逮捕建议时的内部逐级审批的程序性法律文书。该文书根据《社区矫正法》第28条以及《社区矫正法实施办法》第36条的规定制作，是强化社区矫正机构内部监督制约、规范执法程序的重要保障。

提请治安管理处罚审核表是社区矫正对象违反监督管理规定或人民法院禁止令，依法应予治安管理处罚的，执行地县级社区矫正机构拟向同级公安机关依法提请给予处罚时，进行内部逐级审核的法律文书。

提请撤销缓刑审核表是社区矫正对象在缓刑考验期内有符合提请撤销缓

刑的法定情形，执行地同级社区矫正机构拟向原审人民法院提请撤销缓刑时，进行内部逐级审核的法律文书。

提请撤销假释审核表是社区矫正对象在假释考验期内有符合提请撤销假释的法定情形，执行地同级社区矫正机构拟向原审人民法院提请撤销假释时，进行内部逐级审核的法律文书。

提请收监执行审核表是暂予监外执行的社区矫正对象有符合提请收监执行的法定情形，执行地县级社区矫正机构拟向执行地社区矫正决定机关提请时，进行内部逐级审核的法律文书。

提请减刑审核表是社区矫正对象符合减刑的法定条件，社区矫正机构拟向中级以上人民法院提请减刑时，进行内部逐级审核的法律文书。

提请逮捕审核表是被提请撤销缓刑、撤销假释的社区矫正对象具备提请逮捕的情形，社区矫正机构在提出撤销缓刑、撤销假释的同时，拟向人民法院提请对其予以逮捕时，进行内部逐级审核的法律文书。

（一）提请治安管理处罚（撤销缓刑、撤销假释、收监执行、逮捕）审核表的格式

治安管理处罚（撤销缓刑、撤销假释、收监执行、逮捕）审核表属于表格式文书，共分为首部、正文、尾部三个部分。参见【样表4-9】。

1. 首部

首部即该文书的标题，根据提请的内容选择不同类型的标题。如向公安机关提请治安管理处罚的，标题为"提请治安管理处罚审核表"；向原审人民法院提请撤销缓刑的，标题为"提请撤销缓刑审核表"。

2. 正文

正文主要由三部分组成，包括：

（1）社区矫正对象基本信息。该部分包括姓名、性别、身份证号码、户籍地、执行地、罪名、原判刑罚、附加刑、禁止令内容、禁止期限起止日、矫正类别、矫正期限、起止日等信息。

（2）事实及依据。这部分是审核表的核心内容。提请治安管理处罚、撤销缓刑、撤销假释、收监执行、逮捕的违法事实包括违反法律、行政法规、社区矫正监督管理规定的事实。此部分应当分别载明符合治安管理处罚、撤销缓刑、撤销假释、收监执行或逮捕条件的事实和依据，对其进行客观表述，事实理由应客观具体、完整明确、脉络清晰、层次分明。

（3）批示意见。由呈报单位拟写出申报意见，签字盖章后报县级社区矫正机构进行审批。呈报单位包括受委托的司法所以及社区矫正中队等。相关审批意见栏如不使用，可以在打印时删除。

对提请治安管理处罚的审核表，批示意见只填到"县级社区矫正机构意见"栏。

对建议撤销县级人民法院宣告的缓刑，批示意见只填到"县级社区矫正机构意见"栏。建议撤销由中级人民法院宣告的缓刑的，批示意见应当填写"地市社区矫正机构意见"栏。

建议撤销假释的，批示意见应当填写"地市社区矫正机构意见"栏。

对建议县级人民法院决定暂予监外执行，建议公安机关、监狱管理局收监执行的，批示意见只填到"县级社区矫正机构意见"栏。建议由中级人民法院决定暂予监外执行的，批示意见应当填写到"地市社区矫正机构意见"栏。

对建议撤销缓刑、撤销假释同时提出逮捕建议的，应单独填写逮捕审核表，相关审核意见栏与撤销缓刑、撤销假释审核表相同。

3. 尾部

备注栏没有明确的填写要求，可以列明提供的证据材料名称和页码。另外，该文书应当随同卷宗报送人民法院、公安机关或者监狱管理局。

【样表4-9】

提请治安管理处罚（撤销缓刑、撤销假释、收监执行、逮捕）审核表					
姓名		性别		身份证号码	
户籍地			执行地		
罪名		原判刑罚		附加刑	

续表

禁止令内容			禁止期限 起止日	自　年　月　日 至　年　月　日
矫正类别		矫正期限	起止日	自　年　月　日 至　年　月　日
事由及依据				
呈报单位 意见				（公章） 年　月　日
县级社区 矫正机构 意见				（公章） 年　月　日
地市社区矫 正机构审核 意见				（公章） 年　月　日
省级社区矫 正机构审核 意见				（公章） 年　月　日
备注				

注：此表随建议书一并报送人民法院（公安机关、监狱管理机关）

（二）提请治安管理处罚（撤销缓刑、撤销假释、收监执行、逮捕）审核表的撰写

1. 提请治安管理处罚审核表的撰写

🔍 **案例 4-7**

陈某某，男，户籍地为 A 省 B 市 C 区 D 街道，2021 年 4 月 8 日，因犯非法出售发票罪被 C 区人民法院判处有期徒刑一年，缓刑一年。判决生效后，陈某某依法在 D 司法所接受社区矫正，矫正期限自 2021 年 4 月 16 日起至 2022 年 4 月 15 日止。2021 年 5 月 24 日下午，陈某某酒后在司法所的微信监管群中发布不当言论，扬言不接受社区矫正，不愿服从监督管理。司法所工作人员告诫其注意言论，但其无视工作人员告诫，继续多次在微信群辱骂、威胁司法所工作人员，陈某某挑战法律权威，破坏工作秩序，影响恶劣。现对陈某某违反监督管理规定的行为，拟提请予以治安管理处罚。

请以【案例4-7】为材料，制作一份《提请治安管理处罚审核表》，实例如【样表4-10】：

【样表4-10】

提请治安管理处罚审核表

姓名	陈某某	性别	男	身份证号码	××××××××××××××××××	
户籍地	A省B市C区D街道			执行地	A省B市C区	
罪名	非法出售发票罪	原判刑罚		有期徒刑一年	附加刑	无
禁止令内容	无			禁止期限起止日	自 年 月 日 至 年 月 日	
矫正类别	缓刑	矫正期限	一年	起止日	自2021年4月16日 至2022年4月15日	
事实及依据	2021年5月24日下午，社区矫正对象陈某某酒后在司法所微信监管群发布不当言论，司法所工作人员告诫其注意言论，但其无视工作人员告诫，继续多次在微信群辱骂、威胁司法所工作人员，陈某某挑战法律权威，破坏工作秩序，影响恶劣。现对陈某某违反监督管理规定的行为，根据《中华人民共和国社区矫正法》第二十八条及《中华人民共和国社区矫正法实施办法》第三十六条规定，拟对陈某某提请治安管理处罚。					
呈报单位意见	拟同意，报B市C区社区矫正机构审批。 D司法所（公章） 2021年5月26日					

	续表
县级社区 矫正机构 意见	同意提请 　　　　　　　　　　　B 市 C 区社区矫正机构（公章） 　　　　　　　　　　　　　　　2021 年 5 月 28 日
备注	1. 陈某违法事实的证明材料； 2. 陈某辱骂、威胁司法所工作人员的证明材料； 3. 对陈某的询问笔录。
注：此表随建议书一并报送公安机关	

2. 提请撤销缓刑审核表的撰写

🔍 案例 4 - 8

　　赵某，男，户籍地为 A 省 B 市 C 区 D 街道。2021 年 4 月 30 日，因掩饰、隐瞒犯罪所得罪被 C 区人民法院判处有期徒刑一年六个月，缓期二年执行。判决生效后，依法在 D 司法所接受社区矫正，矫正期限自 2021 年 5 月 11 日起至 2023 年 5 月 10 日止。2021 年 6 月，赵某未履行外出请假手续私自外出至外省某市，因此受到第一次警告。2021 年 7 月开始，赵某多次手机处于停机、关机状态，无法联系其本人，导致司法所不能实施有效监管；同时，赵某不按规定按时到司法所报到、学习，因此受到第二次警告。2022 年 3 月，赵某因琐事打架斗殴，被 B 市公安局 E 分局给予行政拘留十日，并处罚款五百元。在此期间，赵某刻意隐瞒事实，不如实向司法所汇报。2022 年 6 月，赵某又一次因酒后聚众斗殴，被 B 市公安局 E 分局给予行政拘留十五日，罚款 1000 元。赵某在社区矫正期间，因违反社区矫正监督管理，受到警告处罚 2 次；因殴打他人分别被行政拘留十日与十五日，情节严重，鉴于此种情况，C 区社区矫正机构拟对赵某提请撤销缓刑。

　　请以【案例 4 - 8】为材料，制作一份《提请撤销缓刑审核表》，实例如【样表 4 - 11】：

【样表 4 – 11】

提请撤销缓刑审核表

姓名	赵某	性别	男	身份证号码	××××××××××××××××××
户籍地	A 省 B 市 C 区 D 街道			执行地	A 省 B 市 C 区
罪名	掩饰、隐瞒犯罪所得罪	原判刑罚		有期徒刑一年六个月	附加刑	无
禁止令内容	无			禁止期限起止日	自　年　月　日 至　年　月　日
矫正类别	缓刑	矫正期限	二年	起止日	自 2021 年 5 月 11 日 至 2023 年 5 月 10 日
事实及依据	社区矫正对象赵某在社区矫正期间，多次违反社区矫正监管规定。2021 年 6 月，赵某未履行外出请假手续私自至外省某市，2021 年 7 月多次手机处于停机、关机状态，不按规定按时引司法所报到、学习，分别受到两次警告。2022 年 3 月至 6 月，赵某因打架斗殴，被 B 市公安局 E 分局分别给予两次治安管理处罚，其行为符合《中华人民共和国社区矫正法》第二十八条及《中华人民共和国社区矫正法实施办法》第四十六条第一款第（三）、（四）项规定的情形，应当撤销缓刑。
呈报单位意见	拟同意，报 B 市 C 区社区矫正机构审批。 D 司法所（公章） 2021 年 6 月 26 日
县级社区矫正机构意见	同意提请。 B 市 C 区社区矫正机构（公章） 2021 年 6 月 28 日
备注	1. 警告决定书 2 份； 2. 治安管理处罚决定书 2 份； 3. 司法所对陈某的询问笔录 2 份； 4. E 公安分局民警对赵某的询问笔录 2 份。

注：此表随建议书一并报送人民法院。

3. 提请撤销假释审核表的撰写

案例 4 - 9

黄某，男，户籍地为 A 省 B 市 C 区 D 街道，因犯聚众斗殴罪于 2020 年 10 月 28 日被 C 区人民法院判处有期徒刑 3 年 3 个月，2022 年 2 月 24 日经 B 市中级人民法院裁定假释。假释后到 C 区 D 司法所接受社区矫正，矫正期限自 2022 年 2 月 28 日起至 2023 年 4 月 27 日止。2022 年 7 月 26 日，黄某又因吸食毒品被市公安局查获，并被处以行政拘留 13 天。鉴于此种情况，C 区司法局拟对其提请撤销假释。

请以【案例 4 - 9】为材料，制作一份《提请撤销假释审核表》，实例如【样表 4 - 12】：

【样表 4 - 12】

提请撤销假释审核表

姓名	黄某	性别	男	身份证号码	×××××××××××××××	
户籍地	A 省 B 市 C 区 D 街道			执行地	A 省 B 市 C 区	
罪名	聚众斗殴罪	原判刑罚		有期徒刑三年三个月	附加刑	无
禁止令内容	无			禁止期限起止日	自 年 月 日 至 年 月 日	
矫正类别	假释	矫正期限	一年二个月	起止日	自 2022 年 2 月 28 日 至 2023 年 4 月 27 日	
事实及依据	社区矫正对象黄某在社区矫正期间，因吸食毒品被 B 市公安局查获，并被处以行政拘留 13 天。赵某的行为符合《中华人民共和国社区矫正法》第二十八条及《中华人民共和国社区矫正法实施办法》第四十七条第一款第（三）项规定的情形，应当撤销缓刑。					

续表

呈报单位意见	拟同意，报 B 市 C 区社区矫正机构审批。 D 司法所（公章） 2022 年 7 月 28 日
县级社区矫正机构意见	同意提请。 B 市 C 区社区矫正机构（公章） 2022 年 7 月 29 日
地市社区矫正机构审核意见	同意提请。 B 市社区矫正机构（公章） 2022 年 7 月 31 日
备注	1. 治安管理处罚决定书 1 份； 2. 司法所对黄某的询问笔录 2 份； 3. 黄某的尿检报告单 1 份。

注：此表随建议书一并报送人民法院。

4. 提请收监执行审核表的撰写

案例 4 - 10

葛某，女，户籍地为 A 省 B 市 C 区 D 街道。2019 年 1 月 20 日，因犯组织卖淫罪被 C 区人民法院判处有期徒刑五年，并处罚金十万元。由于其在监狱服刑期间被查出患有鼻咽癌，需放射治疗，C 区法院对其作出暂予监外执行一年的决定，葛某于 2021 年 2 月 20 日开始在 C 区 D 司法所接受社区矫正。2022 年 1 月，葛某以鼻咽癌治疗为由第二次申请暂予监外执行。C 区司法局经过摸底、审查，初步排查出，葛某提交的病情诊断书诊断结论的有效性有待考证，立即委托当地人民医院对葛某进行病情鉴定。最终，医院诊断结论为葛某经放射治疗后病情稳定。葛某保外就医情形消失，但刑期未满，符合收监条件，C 区司法局拟向人民法院提出收监执行建议。

请以【案例 4 - 10】为材料，制作一份《提请收监执行审核表》，实例如【样表 4 - 13】：

【样表 4－13】

提请收监执行审核表

姓名	葛某	性别	女	身份证号码	××××××××××××××××
户籍地	A省B市C区D街道			执行地	A省B市C区
罪名	组织卖淫罪	原判刑罚	有期徒刑五年	附加刑	罚金十万元
禁止令内容	无		禁止期限 起止日	自 年 月 日 至 年 月 日	
矫正类别	暂予监外执行	矫正期限	一年	起止日	自2021年2月20日 至2022年2月19日
事实及依据	社区矫正对象葛某在矫正期限届满前，以鼻咽癌治疗为由第二次申请暂予监外执行。司法局委托当地人民医院对葛某进行病情鉴定，确定其病情稳定。葛某保外就医情形消失，但刑期未满，符合《中华人民共和国刑事诉讼法》第二百六十八条第一款第（三）项、《中华人民共和国社区矫正法》第二十八条以及《中华人民共和国社区矫正法实施办法》第四十九条第一款第（六）项的规定的应当予以收监执行的情形，拟对葛某提请收监执行。				
呈报单位意见	拟同意，报B市C区社区矫正机构审批。 D司法所（公章） 2022年2月10日				
县级社区矫正机构意见	同意提请。 B市C区社区矫正机构（公章） 2022年2月12日				
备注	1. 葛某暂予监外执行申请1份； 2. 人民医院对葛某的病情鉴定书1份。				

注：此表随建议书一并报送人民法院。

5. 提请逮捕审核表的撰写

案例 4 - 11

孙某, 男, 户籍地为 G 省 X 市 Q 县。2017 年 11 月 11 日, 孙某因犯受贿罪被 Q 县人民法院判处有期徒刑三年, 缓刑四年, 并处罚金 25 万元 (已缴纳)。缓刑考验期自 2017 年 11 月 14 日起至 2021 年 11 月 13 日止。判决生效后, 孙某在 Q 县司法局 D 司法所接受社区矫正。孙某在社区矫正期间多次违反监督管理规定, 自 2017 年 11 月至 2021 年 5 月期间, 多次不假外出至 P 县、W 县等地, 经 Q 县司法局与其核对无误的有 98 次, 累积天数 112 天。Q 县司法局拟提出撤销缓刑申请, 此时距离孙某考验期满仅剩几个月, 如撤销缓刑收监执行, 无疑是对其全盘否定, 孙某难以接受, 存在逃跑的可能性。

请以【案例 4 - 11】为材料, 制作一份《提请逮捕审核表》, 实例如【样表 4 - 14】:

【样表 4 - 14】

提请逮捕审核表

姓名	孙某	性别	男	身份证号码	××××××××××××××××××	
户籍地	G 省 X 市 Q 县			执行地	G 省 X 市 Q 县	
罪名	受贿罪	原判刑罚		有期徒刑三年	附加刑	罚金二十五万元
禁止令内容	无			禁止期限起止日	自 年 月 日 至 年 月 日	
矫正类别	缓刑	矫正期限	四年	起止日	自 2017 年 11 月 14 日 至 2021 年 11 月 13 日	

续表

事实及依据	社区矫正对象孙某在社区矫正期间，不遵守社区矫正管理规定，多次违反关于外出的监督管理规定。自 2017 年 11 月 21 日至 2021 年 7 月 13 日，累计未经批准私自离开 Q 县活动 98 次，累计时间超过一个月。其行为符合《中华人民共和国社区矫正法》第二十八条、第四十六条、第四十七条以及《中华人民共和国社区矫正法实施办法》第四十六条、第四十八条规定的的情形，为防止孙某外逃，拟对孙某提请撤销缓刑的同时，提请逮捕。
呈报单位意见	拟同意，报 X 市 Q 县社区矫正机构审批。 D 司法所（公章） 2021 年 7 月 20 日
县级社区矫正机构意见	同意提请。 X 市 Q 县社区矫正机构（公章） 2021 年 7 月 21 日
备注	1. 孙某未经批准多次离开 Q 县的证明材料； 2. 对孙某的询问笔录。

注：此表随建议书一并报送人民法院。

【课堂活动 4 - 1】

社区矫正对象李某在缓刑考验期限内，未经批准外出打工，待其欲返回居住地时因疫情防控原因，致使其未能及时返回，李某脱离监管超过一个月。请思考并讨论，若社区矫正机构建议对李某撤销缓刑，是否合理？并说明理由。

【技能训练——实训项目】

案例 4 - 12

罗某，男，户籍地 A 省 B 市 C 县。2021 年 6 月，因犯故意伤害罪被判处有期徒刑九个月，缓刑一年。罗某依法在 C 县 D 司法所接受社区矫正，矫正期限为 2021 年 6 月 16 日至 2022 年 6 月 15 日。2022 年 1 月 20

日下午 15 时，司法所工作人员对罗某进行电话抽查时发现其电话未接听，联系其家属，家属遮遮掩掩，工作人员立即到罗某工作的店里进行实地核查，罗某店员告知其回邻县老家。司法所遂联系罗某家属要求尽快联系上罗某，并在联系上后告知其立刻返回 C 县。当天 16 时，罗某开车返回店里。司法所工作人员对其进行调查询问，罗某称其开车到城里买菜，否认回邻县老家。次日，司法所工作人员再次对罗某进行调查询问，了解到罗某因店里经营需要，将店里的小轿车开回邻县老家换商务车，心存侥幸地认为来回一个多小时司法所不会发现，便将手机放在店里，未向司法所申请外出便私自前往邻县。

　　罗某未经批准私自外出至邻县的行为违反了《社区矫正法》相关规定，D 司法所拟依法对罗某作出训诫决定。

　　结合【案例 4－12】所给材料，制作一份《社区矫正训诫审批表》。

任务2　社区矫正奖惩决定书的制作

　　社区矫正奖惩工作中主要包括两类法律文书，即审批表和决定书。审批表是决定书的产生依据，当社区矫正机构出具决定书后，该执法行为才算完成，审批表是内部的程序性文书，不需送达；决定书是对外的文书，需要送达社区矫正对象和有关机关，产生实质的法律后果。

任务2.1　社区矫正奖励决定书的制作

　　社区矫正奖励决定书即社区矫正表扬决定书，该文书是根据《社区矫正法》第 28 条以及《社区矫正法实施办法》第 33 条的规定制作，用于决定给予社区矫正对象表扬的奖励。本文书是社区矫正机构根据社区矫正对象的突出表现认为其符合给予表扬的条件，经审批后决定给予其表扬的法律文书。此类文书对社区矫正对象具有法律约束力，需要送达给社区矫正对象和相关机关。

一、社区矫正表扬决定书的格式

（一）文书结构

社区矫正表扬决定书属于填写式文书，由首部、正文、尾部三部分构成。参见【样表4-15】。

1. 首部

首部包括标题和文书字号。标题就是该文书的名称：社区矫正表扬决定书。文书字号由年度、社区矫正机构代字、类型代字、文书编号组成，使用阿拉伯数字，例"（2022）××矫扬决字第1号"。

2. 正文

正文主要由三部分组成，具体如下：

（1）社区矫正对象基本情况。包括社区矫正对象的姓名、性别、出生年月、民族、身份证号码。

（2）给予决定的事实。此部分要求简单列明社区矫正对象表现突出的具体事实。"在接受社区矫正期间，因"后，应填写社区矫正对象认罪悔罪、遵守法律法规、服从监督管理、接收教育表现突出的事实。

（3）给予决定的依据。在决定书中应详细载明给予决定的依据和决定的种类。对社区矫正对象给予表扬决定的依据是《社区矫正法》第28条以及《社区矫正法实施办法》第33条。

3. 尾部

尾部包括文书制作单位（公章）、文书制作日期。

（二）制作要求

（1）本文书均一式两份，存档一份，送达社区矫正对象一份。

（2）社区矫正机构应对社区矫正对象的表扬定期公示，并记入档案，做到准确及时、公开公平。

（3）社区矫正对象对此决定提出异议的，应当向县级社区矫正机构提交书面申请并写明理由，县级社区矫正机构应当在十个工作日内调查处理完毕并将结果告知社区矫正对象。社区矫正对象对处理结果仍有异议的，可以向人民检察院提出。

【样表 4 – 15】

社区矫正表扬决定书

（　）字第　号

社区矫正对象_____，男（女），___年_月_日出生，_____族，身份证号码_____，在接受社区矫正期间，因_____

_____

_____，依据《中华人民共和国社区矫正法》第二十八条之规定，决定给予_____一次。

（公章）

年　月　日

二、社区矫正表扬决定书的撰写

请以【案例 4 – 2】为材料，制作《社区矫正表扬决定书》，实例如【样表 4 – 16】：

【样表 4 – 16】

社区矫正表扬决定书

（2022）××矫扬决字第×号

社区矫正对象顾某某，男，××××年××月××日出生，×族，身份证号码××××××××××××××××，在接受社区矫正期间，因认真接受教育学习，遵守法律法规，服从监督管理，积极修复社会关系，积极参加集体学习和公益活动。在社区矫正期间从未受到训诫、警告等处分，连续多次季度考核结果为良好。2022 年 3 月至 5 月份疫情期间，顾某某积极主动报名参加社区疫情防控志愿者工作，充分展现了其善良奉献精

神和社会责任感，在社区矫正对象群体中起到了积极的示范和正面的引导作用，依据《中华人民共和国社区矫正法》第二十八条之规定，决定给予<u>表扬</u>一次。

××市××区社区矫正机构（公章）

××××年××月××日

任务2.2 社区矫正惩罚决定书的制作

社区矫正惩罚决定书主要包括社区矫正训诫决定书、社区矫正警告决定书、社区矫正使用电子定位装置决定书三类。该文书是根据《社区矫正法》第28条、第29条以及《社区矫正法实施办法》第34条、第35条的规定制作，用于决定给予社区矫正对象训诫、警告以及对其使用电子定位装置。该文书是社区矫正机构根据社区矫正对象的表现认为其符合给予训诫/警告/使用电子定位装置的条件，经审批后决定给予其训诫/警告/使用电子定位装置的法律文书。此类文书对社区矫正对象具有法律约束力，需要送达给社区矫正对象和相关机关。

一、社区矫正训诫（警告、使用电子定位装置）决定书的格式

（一）文书结构

社区矫正训诫（警告、使用电子定位装置）决定书属于填写式文书，由首部、正文、尾部三部分构成。参见【样表4-17】。

1. 首部

首部包括标题和文书字号。标题就是该文书的名称，如：社区矫正训诫决定书或社区矫正警告决定书。文书字号由年度、社区矫正机构代字、类型代字、文书编号组成，使用阿拉伯数字，例"（2022）××矫训/警/装决字第1号"。

2. 正文

正文主要由三部分组成，分别是：

（1）社区矫正对象基本情况。包括社区矫正对象的姓名、性别、出生年月、民族、身份证号码。

（2）给予决定的事实。此部分要求简单列明社区矫正对象违反监督管理规定的具体事实。"在接受社区矫正期间，因"后，应填写社区矫正对象违反监督管理规定的事实。

（3）给予决定的依据。在决定书中应详细载明决定的依据和决定的种类。对社区矫正对象给予训诫/警告的决定依据是《社区矫正法》第28条以及《社区矫正法实施办法》第33条、第34条、第35条的规定，对社区矫正对象使用电子定位装置的决定依据是《社区矫正法》第29条之规定。

3. 尾部

尾部包括文书制作单位（公章）、文书制作日期。

（二）制作要求

（1）本文书均一式两份，存档一份，送达社区矫正对象一份。

（2）社区矫正机构应对社区矫正对象的训诫/警告定期公示，并记入档案，做到准确及时、公开公平。涉及未成年社区矫正对象的，不予公示。

（3）社区矫正对象对此决定提出异议的，应当向县级社区矫正机构提交书面申请并写明理由，县级社区矫正机构应当在10个工作日内调查处理完毕并将结果告知社区矫正对象。社区矫正对象对处理结果仍有争议的，可以向人民检察院提出。

（4）社区矫正对象受到训诫/警告/使用电子定位装置时，社区矫正机构应当对其进行个别教育。

【样表4-17】

社区矫正训诫（警告、使用电子定位装置）决定书

（　）字第　　号

社区矫正对象＿＿＿＿，男（女），＿＿年＿月＿日出生，＿＿＿＿＿族，身份证号码＿＿＿＿，在接受社区矫正期间，因＿＿＿＿＿＿＿＿＿＿＿＿＿＿＿＿＿＿＿

＿＿＿＿＿＿＿＿＿＿＿＿＿＿＿＿＿＿＿＿＿＿＿＿＿＿＿＿＿＿＿＿＿＿＿＿

_____

_____，依据《中华人民共和国社区矫正法》第二十八条（第二十九条）之规定，决定给予_____一次（使用电子定位装置，期限为_____）。

（公章）

年　月　日

二、社区矫正训诫（警告、使用电子定位装置）决定书的撰写

（一）社区矫正训诫决定书的撰写

请以【案例4-4】为材料，制作《社区矫正训诫决定书》，实例如【样表4-18】：

【样表4-18】

社区矫正训诫决定书

（2021）××矫训决字第×号

社区矫正对象杜某，男，××××年××月××日出生，×族，身份证号码××××××××××××××××，在接受社区矫正期间，因未按规定时间报到且无正当理由，违反监督管理规定，情节轻微，依据《中华人民共和国社区矫正法》第二十八条之规定，决定给予训诫一次。

××市××区社区矫正机构（公章）

××××年××月××日

（二）社区矫正警告决定书的撰写

请以【案例4-5】为材料，制作《社区矫正警告决定书》，实例如【样表4-19】：

【样表 4 - 19】

社区矫正警告决定书

（2022）××矫警决字第×号

　　社区矫正对象<u>胡某</u>，男，<u>××××年××月××日</u>出生，<u>×</u>族，身份证号码<u>××××××</u><u>××××××××××</u>，在接受社区矫正期间，因<u>经××区司法局和××区公安分局大数据</u><u>核查外出情况，发现胡某未经司法所许可擅自离开××市，自 2022 年 1 月份以来，不</u><u>假外出去邻市达 8 次</u>，依据《中华人民共和国社区矫正法》第二十八条和《中华人民共和国社区矫正法实施办法》第三十五条之规定，决定给予<u>警告</u>一次。

××市××区社区矫正机构（公章）

××××年××月××日

（三）社区矫正使用电子定位装置决定书的撰写

　　请以【案例 4 - 6】为材料，制作《社区矫正警告决定书》，实例如【样表 4 - 20】：

【样表 4 - 20】

社区矫正使用电子定位装置决定书

（2020）××矫装决字第×号

　　社区矫正对象<u>郑某</u>，男，<u>××××年××月××日</u>出生，<u>×</u>族，身份证号码<u>××××××</u><u>××××××××××</u>，在接受社区矫正期间，因<u>郑某自入矫报到以来，多次出现违反监</u><u>督管理规定的行为，依法被给予训诫、警告处罚。2020 年 11 月 1 日至 5 日，郑某再次</u><u>违反监督管理规定无正当理由未经批准私自外出到×××市，期间工作人员组织查找并</u><u>多次催促其立即返回，郑某置若罔闻，直至 5 日 22 点才返回××市家中。11 月 6 日，</u><u>××市公安局给予郑某行政拘留 7 日并处罚款 200 元的处罚，依据《中华人民共和国社</u>

区矫正法》第二十九条之规定，决定对其使用电子定位装置，期限为三个月。

××市××区社区矫正机构（公章）

××××年××月××日

【课堂活动4-2】

社区矫正对象吕某在矫正期间未经批准离开居住地，社区矫正机构在信息化核查时无法与其取得联系，立即采取通讯联络、实地查访等方式组织查找，查找无果后，及时通知执行地公安机关协助查找，并将查找情况通报执行地人民检察院。在与吕某取得联系后，责令其立即返回接受调查处理。

请思考并讨论，社区矫正机构应当给予吕某何种处罚，另外还可以采取哪些措施来提高监督管理的精准性和实效性？

【技能训练——实训项目】

案例4-13

社区矫正对象苏某某，因网络诈骗罪于2022年3月10日被××省××市××区人民法院判处有期徒刑一年，缓刑一年，依法实行社区矫正，矫正期限自2022年3月23日起至2023年1月22日止。

2022年4月16日，司法所工作人员通知苏某某于次日早上10点到所报到，苏某某无故迟到，工作人员让其对迟到原因进行说明时，苏某某态度极其恶劣，与工作人员发生争吵，言辞激烈。在未得到工作人员下一步任务安排以及未完成教育学习和公益劳动的情况下夺门而出，不配合司法所教育监管，违反社区矫正监管规定。

司法所工作人员对苏某某违反社区矫正规定的情形进行调查取证，收集相关证据，工作人员同时联系当地派出所对苏某某进行谈话，并对谈话内容进行录像。随后司法所工作人员将情况如实汇报至县司法局社区矫正中心。县司法局社区矫正中心对相关情况进一步核实后，经调查取证，苏某某有明显违反监督管理规定的行为，符合《社区矫正法》有关给予警告的条件。

结合【案例 4 - 13】所给材料，制作一份《社区矫正警告决定书》。

任务 3 社区矫正奖惩建议书的制作

社区矫正奖惩建议书是社区矫正机构拟对社区矫正对象依法给予奖励或惩罚时，向有关机关提出建议的法律文书。本文书根据《刑法》第 77 条、第 86 条，《刑事诉讼法》第 268 条，《社区矫正法》第 28 条、第 47 条，《治安管理处罚法》第 60 条，《社区矫正法实施办法》第 36 条、第 46 条、第 47 条、第 49 条的规定制作。在提出减刑、治安管理处罚、撤销缓刑、撤销假释、暂予监外执行收监执行以及提出撤销缓刑、假释建议的同时，提请人民法院决定对其予以逮捕建议时使用。

任务 3.1 社区矫正奖励建议书的制作

社区矫正奖励建议书主要是指社区矫正对象减刑建议书，即社区矫正机构在执法过程中，对符合减刑条件的社区矫正对象，依法向人民法院提出减刑建议的法律文书。本文书根据《刑法》第 78 条、《刑事诉讼法》第 273 条、《社区矫正法》第 33 条以及《社区矫正法实施办法》第 42 条的规定制作。

一、社区矫正对象减刑建议书的格式

（一）文书结构

社区矫正对象减刑建议书属于填写式文书，主要由首部、正文、尾部三部分组成，参见【样表 4 - 21】。

1. 首部

首部包括标题和文书字号。标题为"社区矫正对象减刑建议书"，文书字号由年度、社区矫正机构代字、类型代字、文书编号组成，使用阿拉伯数字，例"（2022）××矫减建字第 1 号"。

2. 正文

（1）社区矫正对象基本情况。主要包括社区矫正对象姓名、性别、出生年月、民族、身份证号码、户籍地、执行地以及刑事判决信息、社区矫正执行相关信息等。

（2）提出减刑建议的事由。主要陈述社区矫正对象符合减刑条件的事实和理由，如立功表现或重大立功表现的事实。

（3）减刑的法律依据。直接引用《刑法》《刑事诉讼法》《社区矫正法》关于减刑的规定，建议对社区矫正对象予以减刑。

3. 尾部

尾部为文书落款，主要是社区矫正减刑建议书的送达机关、提出减刑建议的机关和日期。另外，在备注中标明具体抄送机关。

（二）制作要求

该文书一式四份，提出减刑建议时，由执行地县级社区矫正机构将一份减刑建议书连同审批表、证明材料等整理组卷，另附一份，逐级上报上级社区矫正机构审核同意后提请执行地同级人民法院，同时抄送执行地同级人民检察院一份、公安机关、罪犯原服刑或者接收其档案的监狱一份。人民法院作出裁定后留存另附的一份，将卷宗退回社区矫正机构。

【样表 4 - 21】

社区矫正对象减刑建议书

（　）字第　　号

社区矫正对象_____，男（女），___年_月_日出生，_____族，身份证号码_____，户籍地_____，执行地_____。因犯_____罪经_____人民法院于___年_月_日判处_____。___年_月_日经_____人民法院（监狱管理局、公安局）裁定假释（决定、批准暂予监外执行）。在管制（缓刑、假释、暂予监外执行）期间，依法实行社区矫正。社区矫正期限自___年_月_日起至___年_月_日止。

该社区矫正对象接受社区矫正期间有如下表现：_____

依据《中华人民共和国刑法》第七十八条、《中华人民共和国刑事诉讼法》第二百七十三条、《中华人民共和国社区矫正法》第三十三条之规定，建议对社区矫正对象＿＿＿＿＿＿予以减刑。

此致

＿＿＿＿＿＿人民法院

（公章）

年　月　日

注：抄送＿＿＿＿＿＿人民检察院，＿＿＿＿＿＿公安（分）局，＿＿＿＿＿＿监狱。

二、社区矫正对象减刑建议书的撰写

请以【案例4－3】为材料，制作一份《社区矫正对象减刑建议书》，实例如【样表4－22】：

【样表4－22】

社区矫正对象减刑建议书

（2022）C矫减建字第×号

社区矫正对象吴某，男，××××年××月××日出生，汉族，身份证号码×××××××××××××××××，户籍地A省B市C区D街道，执行地A省B市C区。因犯非法制作枪支、弹药罪经B市中级人民法院于2021年9月10日判处有期徒刑三年，缓刑四年。在缓刑期间，依法实行社区矫正。社区矫正期限自2021年9月21日起至2025年9月20日止。

该社区矫正对象接受社区矫正期间有如下表现：2022年6月16日，社区矫正对象吴某协助民警制服一名当街持刀行凶的歹徒，经当地派出所推荐，吴某获得了见义勇为基金会颁发的表彰证书和奖金。司法局实地调查核实，认为吴某见义勇为属于重大立功表现，符合应当提请减刑的法定情形。

依据《中华人民共和国刑法》第七十八条、《中华人民共和国刑事诉讼法》第二百

七十三条、《中华人民共和国社区矫正法》第三十三条之规定，建议对社区矫正对象吴某予以减刑。

此致

B市中级人民法院

B市社区矫正机构（公章）

2022年7月5日

注：抄送C区人民检察院，C区公安局。

任务3.2 社区矫正惩罚建议书的制作

社区矫正惩罚建议书主要包括治安管理处罚建议书、撤销缓刑建议书、撤销假释建议书、收监执行建议书、逮捕建议书。社区矫正机构在执法过程中，发现社区矫正对象有违反法律法规、社区矫正监督管理规定的行为，向公安机关或社区矫正决定机关提出相应惩罚措施建议的法律文书。此类文书根据《刑法》第77条、第86条，《刑事诉讼法》第268条，《社区矫正法》第28条、第47条，《治安管理处罚法》第60条，《社区矫正法实施办法》第36条、第46条、第47条、第49条的规定制作，用于在提出撤销缓刑、假释建议的同时，提请人民法院决定对其予以逮捕。

一、治安管理处罚建议书的制作

治安管理处罚建议书是社区矫正机构在社区矫正执法过程中，发现社区矫正对象有违反法律法规或监督管理规定的行为，社区矫正机构认为其情节符合治安管理处罚的法定条件时，向公安机关提出治安处罚建议的法律文书。

（一）治安管理处罚建议书的格式

1. 文书结构

治安管理处罚建议书属于填写式文书，由首部、正文、尾部三部分构成。参见【样表4-23】。

（1）首部。首部包括标题和文书字号。标题就是该文书的名称，即"治安管理处罚建议书"，文书字号由年度、社区矫正机构代字、类型代字、文书编号组成，使用阿拉伯数字，例"（2022）××矫治处建字第1号"。

（2）正文。正文主要包括：一是社区矫正对象的基本信息、刑事判决信息以及社区矫正执行相关信息；二是社区矫正对象有违反法律（行政法规、社区矫正监督管理规定、人民法院禁止令）行为的具体事实，包括违法的具体时间、地点、违法行为。表述时应语言简练、层次分明、事实清楚；三是建议的内容及依据，此处需要列明应适用的法律规定，依据该规定建议对该社区矫正对象给予治安管理处罚。

（3）尾部。尾部为文书落款，包括建议书的送达机关、文书制作单位（公章）、文书制作日期和抄送机关。

2. 制作要求

（1）治安管理处罚建议书一式三份，一份连同审批表等其他证明材料组卷，并另附一份向同级公安机关提出，同时抄送同级人民检察院。

（2）执行地县级社区矫正机构向同级公安机关提出治安管理处罚建议，由公安机关作出决定。社区矫正对象对治安管理处罚不服的，可以依法提起行政复议和行政诉讼。

（3）社区矫正工作档案和执行档案都应当包括对社区矫正对象治安管理处罚的有关文书材料。

（4）未成年社区矫正对象的治安管理处罚不予以公开、公示。对未成年社区矫正对象进行治安管理处罚时，其监护人应当在场。

（5）社区矫正对象受到治安管理处罚后，社区矫正机构应当对其进行个别教育。

【样表4-23】

治安管理处罚建议书

（ ）字第 号

社区矫正对象_____，男（女），___年__月__日出生，_____族，身份证号码_____，户籍地_____，执行地_____。因犯_____罪经_____人民法院于___年__月__日判处_____。___年__月__日经_____人民法院（监狱管

理局、公安局）裁定假释（决定、批准暂予监外执行）。在管制（缓刑、假释、暂予监外执行）期间，依法实行社区矫正。社区矫正期限自＿＿＿年＿月＿日起至＿＿＿年＿月＿日止。

该社区矫正对象有违反法律（行政法规、社区矫正监督管理规定、人民法院禁止令）的行为，具体事实如下：＿＿＿＿＿＿＿＿＿＿＿＿＿＿＿＿＿＿＿＿＿＿＿＿＿＿＿＿＿。

依据＿＿＿＿＿之规定，建议对该社区矫正对象给予治安管理处罚。

此致

＿＿＿＿＿＿公安局

（公章）

年　月　日

注：抄送＿＿＿＿＿＿人民检察院。

（二）治安管理处罚建议书的撰写

请以【案例4-7】为材料，制作一份《治安管理处罚建议书》，实例如【样表4-24】：

【样表4-24】

治安管理处罚建议书

（2021）C矫治处建字第1号

社区矫正对象陈某某，男，××××年×月××日出生，汉族，身份证号码×××××××××××××××××，户籍地A省B市C区D街道，执行地A省B市C区。因犯非法出售发票罪经B市C区人民法院于 2021 年 4 月 8 日判处有期徒刑一年，缓刑一年。在缓刑期间，依法实行社区矫正。社区矫正期限自 2021 年 4 月 16 日起至 2022 年 4 月 15 日止。

该社区矫正对象有违反法律（行政法规、社区矫正监督管理规定、人民法院禁止令）的行为，具体事实如下：2021 年 5 月 24 日，陈某某酒后在司法所微信监管群发布不当言论，扬言不接受社区矫正，不愿服从监督管理。司法所工作人员告诫其注意言论，但其无视工作人员告诫，继续多次在微信群辱骂、威胁司法所工作人员，陈某某挑战法律权威，破坏工作秩序，影响恶劣。陈某某违反监督管理规定的行为，符合提请公安机关予以治安管理处罚的情形。

依据《中华人民共和国社区矫正法》第二十八条、《中华人民共和国社区矫正法实施办法》第三十六条以及《中华人民共和国治安管理处罚法》第六十条之规定，建议对该社区矫正对象给予治安管理处罚。

此致

B 市 C 区公安局

B 市 C 区社区矫正机构（公章）

年　月　日

注：抄送 B 市 C 区人民检察院。

二、撤销缓刑建议书的制作

撤销缓刑建议书是社区矫正机构在社区矫正执法过程中，发现社区矫正对象有违反法律法规或监督管理规定的行为，依法应当撤销缓刑，而向原判人民法院提出撤销缓刑建议的法律文书。

（一）撤销缓刑建议书的格式

1. 文书结构

撤销缓刑建议书属于填写式文书，由首部、正文、尾部三部分构成。参见【样表 4 - 25】。

（1）首部。首部包括标题和文书字号。标题就是该文书的名称，即"撤销缓刑建议书"，文书字号由年度、社区矫正机构代字、类型代字、文书编号组成，使用阿拉伯数字，例"（2022）××矫撤缓建字第 1 号"。

（2）正文。正文主要包括：一是社区矫正对象的基本信息、刑事判决信息以及社区矫正执行相关信息；二是社区矫正对象有违反法律（行政法规、社区矫正监督管理规定、人民法院禁止令）行为的具体事实，包括违法的具体时间、地点、违法行为，受训诫、警告或治安处罚情况，若多次违法的，均应说明；三是建议的内容及依据，此处需要列明应适用的法律规定，撤销缓刑的依据主要是《刑法》第77条、《社区矫正法》第28条以及《社区矫正法实施办法》第46条。

（3）尾部。尾部为文书落款，包括建议书的送达机关、文书制作单位（公章）、文书制作日期和抄送机关。

2. 制作要求

（1）撤销缓刑建议书一式三份，一份连同审批表、训诫、警告决定书、调查核实笔录等其他证明材料组卷，并另附一份向原社区矫正决定机关或者执行地社区矫正决定机关提出，一份抄送执行地同级人民检察院。原社区矫正决定机关作出处理结果、作出裁定或者决定后，留存另附的一份，将卷宗退回社区矫正机构。

（2）撤销缓刑建议应向原社区矫正决定机关提出。撤销缓刑建议权属于社区矫正机构，即执行地社区矫正机构根据原生效判决的审级，由同级社区矫正机构提出撤销缓刑建议。原生效判决是由基层人民法院作出的，由县级社区矫正机构提出撤销缓刑建议，原生效判决是由中级人民法院作出的，由地市级社区矫正机构提出撤销缓刑建议。

【样表 4 - 25】

撤销缓刑建议书

（ ）字第 号

社区矫正对象_____，男（女），___年_月_日出生，_____族，身份证号码_____，户籍地_____，执行地_____。因犯_____罪经_____人民法院于___年_月_日判处_____。在缓刑期间，依法实行社区矫正。社区矫正期限自___年_月_日起至___年_月_日止。

该社区矫正对象有违反法律（行政法规、社区矫正监督管理规定、人民法院禁止令）的行为，具体事实如下：_____

_____

依据_____之规定，建议对该社区矫正对象给予治安管理处罚。

此致

_____人民法院

（公章）
年 月 日

注：抄送_____人民检察院。

（二）撤销缓刑建议书的撰写

请以【案例 4-8】为材料，制作一份《撤销缓刑建议书》，实例如【样表 4-26】：

【样表 4-26】

撤销缓刑建议书

（2021）C 矫撤缓建字第 1 号

社区矫正对象赵某，男，××××年×月××日出生，汉族，身份证号码×××××××××××××××，户籍地 A 省 B 市 C 区 D 街道，执行地 A 省 B 市 C 区。因犯掩饰、隐瞒犯罪所得罪经 B 市 C 区人民法院于 2021 年 4 月 30 日判处有期徒刑一年六个月，缓刑二年。在缓刑期间，依法实行社区矫正。社区矫正期限自 2021 年 5 月 11 日起至 2023 年 5 月 10 日止。

该社区矫正对象有违反社区矫正监督管理规定的行为，具体事实如下：2021 年 6 月，赵某未履行外出请假手续私自至外省某市，2021 年 7 月多次手机处于停机、关机状态，不按规定按时到司法所报到、学习，被分别给予两次警告。2022 年 3 月至 6 月，赵某因打架斗殴，被 B 市公安局 E 分局分别给予两次治安管理处罚，情节严重，其行为符合提请撤销缓刑的情形。

依据《中华人民共和国刑法》第七十七条、《中华人民共和国社区矫正法》第二十八条及《中华人民共和国社区矫正法实施办法》第四十六条之规定，建议对该社区矫正对象撤销缓刑。

此致

B市C区人民法院

B市C区社区矫正机构（公章）

年　月　日

注：抄送B市C区人民检察院。

三、撤销假释建议书的制作

撤销假释建议书是指裁定假释的社区矫正对象，有违反法律法规、行政法规或社区矫正监督管理规定的行为的，社区矫正机构向人民法院提出撤销假释建议的法律文书。

（一）撤销假释建议书的格式

1. 文书结构

撤销假释建议书属于填写式文书，由首部、正文、尾部三部分构成。参见【样表4–27】。

（1）首部。首部包括标题和文书字号。标题就是该文书的名称，即"撤销假释建议书"，文书字号由年度、社区矫正机构代字、类型代字、文书编号组成，使用阿拉伯数字，例"（2022）××矫撤假建字第1号"。

（2）正文。正文主要包括：一是社区矫正对象的基本信息、刑事判决信息以及社区矫正执行相关信息；二是社区矫正对象有违反法律（行政法规、社区矫正监督管理规定）行为的具体事实，包括违法的具体时间、地点、违法行为、受训诫、警告或治安处罚情况，若多次违法的，均应说明；三是建议的内容及依据，此处需要列明应适用的法律规定，撤销假释的依据主要是《刑法》第86条、《社区矫正法》第28条以及《社区矫正法实施办法》第46条。

（3）尾部。尾部为文书落款，包括建议书的送达机关、文书制作单位（公章）、文书制作日期和抄送机关。

2. 制作要求

（1）撤销假释建议书一式四份，一份连同审批表、训诫、警告决定书、调查核实笔录等其他证明材料组卷，并另附一份向原社区矫正决定机关或者执行地社区矫正决定机关提出，一份抄送执行地同级人民检察院，一份抄送公安机关、罪犯原服刑或者接收其档案的监狱。原社区矫正决定机关作出裁定后，留存另附的一份，将卷宗退回社区矫正机构。

（2）裁定假释一般由中级以上人民法院作出，根据《社区矫正法实施办法》的规定，应由执行地同级社区矫正机构提出撤销假释建议。因此，撤销假释建议书一般由地市社区矫正机构提出，并抄送同级人民检察院、公安机关、罪犯原服刑或者接收其档案的监狱。

【样表 4 – 27】

撤销假释建议书

（　　）　字第　号

社区矫正对象＿＿＿＿，男（女），＿＿年＿月＿日出生，＿＿＿＿＿族，身份证号码＿＿＿＿，户籍地＿＿＿＿，执行地＿＿＿＿。因犯＿＿＿＿罪经＿＿＿＿人民法院于＿＿年＿月＿日判处＿＿＿＿。＿＿＿年＿月＿日经＿＿＿＿人民法院裁定假释。在假释期间，依法实行社区矫正。社区矫正期限自＿＿＿年＿月＿口起至＿＿＿年＿月＿日止。

该社区矫正对象有违反法律（行政法规、社区矫正监督管理规定）的行为，具体事实如下：＿＿＿＿＿＿＿＿＿＿＿＿＿＿＿＿＿＿＿＿＿＿＿＿＿＿＿＿＿＿＿

＿＿＿＿＿＿＿＿＿＿＿＿＿＿＿＿＿＿＿＿＿＿＿＿＿＿＿＿＿＿＿＿＿＿＿

依据＿＿＿＿之规定，建议对该社区矫正对象撤销假释。

此致

＿＿＿＿人民法院

（公章）

年　月　日

注：抄送＿＿＿＿人民检察院，＿＿＿＿公安（分）局，＿＿＿＿监狱。

（二）撤销假释建议书的撰写

请以【案例 4 - 9】为材料，制作一份《撤销假释建议书》，实例如【样表 4 - 28】：

【样表 4 - 28】

撤销假释建议书

（2022）××矫撤假建字第 1 号

社区矫正对象黄某，男，××××年×月××日出生，汉族，身份证号码×××××××××××××××××，户籍地A省B市C区D街道，执行地A省B市C区。因犯聚众斗殴罪经B市C区人民法院于 2020 年 10 月 28 日判处有期徒刑三年三个月。2022 年 2 月 24 日经B市中级人民法院裁定假释。在假释期间，依法实行社区矫正。社区矫正期限自 2022 年 2 月 28 日起至 2023 年 4 月 27 日止。

该社区矫正对象有违反社区矫正监督管理规定的行为，具体事实如下：2022 年 7 月 26 日，黄某因吸食毒品被市公安局查获，并被处以行政拘留 13 天。其行为符合提请撤销假释的情形。

依据《中华人民共和国刑法》第八十六条、《中华人民共和国社区矫正法》第二十八条及《中华人民共和国社区矫正法实施办法》第四十七条之规定，建议对该社区矫正对象撤销假释。

此致

B市中级人民法院

B市社区矫正机构（公章）

2022 年 7 月 31 日

注：抄送B市人民检察院，××××监狱。

四、收监执行建议书的制作

收监执行建议书是社区矫正机构对符合收监执行条件的暂予监外执行社区矫正对象，依法提出收监执行建议的法律文书。

（一）收监执行建议书的格式

1. 文书结构

收监执行建议书属于填写式文书，由首部、正文、尾部三部分构成。参见【样表 4 – 29】。

（1）首部。首部包括标题和文书字号。标题就是该文书的名称，即"收监执行建议书"，文书字号由年度、社区矫正机构代字、类型代字、文书编号组成，使用阿拉伯数字，例"（2022）××矫收执建字第 1 号"。

（2）正文。正文主要包括：一是社区矫正对象的基本信息、刑事判决信息以及社区矫正执行相关信息；二是收监执行的事实依据，包括不符合暂予监外执行条件的事实，或暂予监外执行情形消失的事实，或者违反法律法规和社区矫正监督管理规定的事实。三是建议的内容及法律依据，此处需要列明应适用的法律规定，收监执行的依据主要是《刑事诉讼法》第 268 条、《社区矫正法》第 28 条以及《社区矫正法实施办法》第 49 条。

（3）尾部。尾部为文书落款，包括建议书的送达机关、文书制作单位（公章）、文书制作日期和抄送机关。

2. 制作要求

暂予监外执行收监执行建议书一式三份，一份连同审批表、训诫、警告决定书、调查核实笔录等其他证明材料组卷，并另附一份向原社区矫正决定机关或者执行地社区矫正决定机关提出，一份抄送执行地同级人民检察院。公安机关、人民法院、执行地或者原社区矫正决定机关作出处理结果、作出裁定或者决定后，留存另附的一份，将卷宗退回社区矫正机构。

【样表 4 – 29】

收监执行建议书
（　　）字第　　号
社区矫正对象_____，男（女），____年__月__日出生，_____族，身份证号码_____，户籍地_____，执行地_____。因犯_____罪经_____人民法院

于___年_月_日判处_____。___年_月_日经_____人民法院（监狱管理局、公安局）决定、批准暂予监外执行。在暂予监外执行期间，依法实行社区矫正。社区矫正期限自___年_月_日起至___年_月_日止。

该社区矫正对象有违反法律（行政法规、社区矫正监督管理规定、人民法院禁止令）的行为，具体事实如下：_____

_____。

依据_____之规定，建议对该社区矫正对象收监执行。

此致

_____人民法院（监狱管理局、公安局）

（公章）

年　月　日

注：抄送_____人民法院（公安局、监狱管理局），_____人民检察院，_____公安（分）局，_____监狱。

（二）收监执行建议书的撰写

请以【案例4-10】为材料，制作一份《收监执行建议书》，实例如【样表4-30】：

【样表4-30】

收监执行建议书

（2022）××矫收执建字第1号

社区矫正对象葛某，女，××××年×月××日出生，汉族，身份证号码×××××××××××××××××××，户籍地A省B市C区D街道，执行地A省B市C区。因犯组织卖淫罪经B市C区人民法院于××××年×月××日判处有期徒刑五年。2021年2月20日经区人民法院决定暂予监外执行。在暂予监外执行期间，依法实行社区矫正。社区矫正期限自2021年2月20日起至2022年2月19日止。

该社区矫正对象因所患鼻咽癌经放射治疗后病情稳定，暂予监外执行情形消失，但刑期未满，符合应当予以提请收监执行的法定情形。

依据《中华人民共和国刑事诉讼法》第二百六十八条、《中华人民共和国社区矫正法》第二十八条及《中华人民共和国社区矫正法实施办法》第四十九条之规定，建议对该社区矫正对象给予收监执行。

此致

B 市 C 区人民法院

B 市 C 区社区矫正机构（公章）

2022 年 2 月 12 日

注：抄送 B 市 C 区人民检察院。

五、社区矫正对象逮捕建议书的制作

被提请撤销缓刑、假释的社区矫正对象可能逃跑或者可能发生社会危险的，社区矫正机构在提出撤销缓刑、假释建议的同时，提请人民法院决定对其予以逮捕所使用的法律文书。

（一）社区矫正对象逮捕建议书的格式

1. 文书结构

社区矫正对象逮捕建议书属于填写式文书，由首部、正文、尾部三部分构成。参见【样表 4 – 31】。

（1）首部。首部包括标题和文书字号。标题就是该文书的名称，即"社区矫正对象逮捕建议书"，文书字号由年度、社区矫正机构代字、类型代字、文书编号组成，使用阿拉伯数字，例"（2022） ××矫捕建字第 1 号"。

（2）正文。正文主要包括：一是社区矫正对象的基本信息、刑事判决信息以及社区矫正执行相关信息；二是社区矫正对象有违反法律（行政法规、社区矫正监督管理规定）行为的具体事实，包括违法的具体时间、地点、违法行为，受训诫、警告或治安处罚情况，若多次违法的，均应说明，被提请撤销缓刑（假释）具有应予逮捕情形的具体事实；三是建议的内容及依据，此处需要列明应适用的法律规定，对社区矫正对象予以逮捕的法律依据是《社区矫正法》第 47 条。

（3）尾部。尾部为文书落款，包括建议书的送达机关、文书制作单位

（公章）、文书制作日期和抄送机关。

2. 制作要求

该建议书一式三份，一份随同撤销缓刑、假释建议及相应证据材料等组卷，一份送原社区矫正决定机关或者执行地社区矫正机关，一份抄送执行地县级人民检察院。

【样表 4 - 31】

社区矫正对象逮捕建议书

（ ）字第 号

社区矫正对象_____，男（女），___年__月__日出生，_____族，身份证号码_____，户籍地_____，执行地_____。因犯_____罪经_____人民法院于___年__月__日判处_____。___年__月__日经_____人民法院裁定假释。在缓刑（假释）期间，依法实行社区矫正。社区矫正期限自___年__月__日起至___年__月__日止。

在社区矫正期间，该社区矫正对象有违反法律（行政法规、社区矫正监督管理规定、人民法院禁止令）的行为，被提请撤销缓刑（假释），并具有应予逮捕的情形，具体事实如下：_____

_____。

依据《中华人民共和国社区矫正法》第四十七条之规定，建议对社区矫正对象_____予以逮捕。

此致

_____人民法院

（公章）

年 月 日

注：抄送_____人民检察院。

（二）社区矫正对象逮捕建议书的撰写

请以【案例 4 - 11】为材料，制作一份《社区矫正对象逮捕建议书》，实例如【样表4－32】：

【样表4－32】

社区矫正对象逮捕建议书

（2021）Q 矫捕建字第×号

　　社区矫正对象<u>孙某</u>，男，<u>××××</u>年<u>××</u>月<u>××</u>日出生，<u>汉族</u>，身份证号码<u>××××××</u> <u>×××××××××××××</u>，户籍地<u>G 省 X 市 Q 县</u>，执行地<u>G 省 X 市 Q 县</u>。因犯<u>受贿罪经Q 县</u> <u>人民法院</u>于 <u>2017</u> 年 <u>11</u> 月 <u>11</u> 日判处<u>有期徒刑三年，缓刑四年，并处罚金二十五万</u> <u>元</u>。在缓刑期间，依法实行社区矫正。社区矫正期限自 <u>2017</u> 年 <u>11</u> 月 <u>14</u> 日起至 <u>2021</u> 年 <u>11</u> 月 <u>13</u> 日止。

　　在社区矫正期间，该社区矫正对象有违反法律及社区矫正监督管理规定的行为，被提请撤销缓刑，并具有应予逮捕的情形，具体事实如下：<u>孙某自 2017 年 11 月 21 日</u> <u>入矫以来至 2021 年 7 月 13 日，累计未经批准私自离开 Q 县活动 98 次，累计超过一个</u> <u>月。其行为符合《中华人民共和国社区矫正法》第二十八条、第四十六条、第四十七</u> <u>条以及《中华人民共和国社区矫正法实施办法》第四十六条、第四十八条规定的情形，</u> <u>为防止孙某外逃，拟对孙某提请撤销缓刑的同时，提请逮捕。</u>

　　依据《中华人民共和国社区矫正法》第四十七条之规定，建议对社区矫正对象<u>孙</u> <u>某</u>予以逮捕。

　　此致

　　<u>Q 县人民法院</u>

Q 县社区矫正机构（公章）

2021 年 7 月 21 日

注：抄送<u>Q 县人民检察院</u>。

【课堂活动4－3】

　　结合任务 2 的内容，请思考并讨论，社区矫正奖惩决定书和社区矫正奖惩建议书的联系与区别。

【技能训练——实训项目】

案例 4 - 14

社区矫正对象魏某因犯非法经营罪被判处有期徒刑十个月，缓刑一年。自 2021 年 5 月 10 日入矫以来，魏某多次违反监督管理规定。2021 年 11 月 3 日，魏某因参与赌博被公安机关依法处以罚款 500 元的行政处罚。自 2021 年 12 月起，魏某与他人因情感纠纷，频繁骚扰恐吓他人，经 ×× 县社区矫正机构、×× 司法所、×× 派出所工作人员多次调解，仍不思悔改，造成了极其恶劣的社会影响。为了避免恶性事件发生，维护社会安全稳定，×× 县社区矫正机构在依法对魏某提请撤销缓刑的同时，依据《社区矫正法》和《社区矫正法实施办法》的规定，提请 ×× 县人民法院对社区矫正对象魏某予以逮捕，×× 县人民法院于 48 小时内作出了对魏某执行逮捕的决定。

这是 ×× 县社区矫正机构自《社区矫正法》实施以来，第一次在依法向人民法院提请撤销缓刑的同时对社矫对象提请逮捕，及时消除了影响社会安全稳定的因素，维护了《刑法》和《社区矫正法》的法律威严，震慑了罪犯。社区矫正对象魏某藐视法律，性格偏执，不思悔改，为其目无法纪付出了应有的代价。

请以【案例 4 - 14】为材料，分别制作《提请撤销缓刑审核表》《撤销缓刑建议书》和《社区矫正对象逮捕建议书》。

任务 4　使用电子定位装置告知书的制作

对社区矫正对象使用电子定位装置告知书是用于告知社区矫正对象对其使用电子定位装置的法律文书。主要用于告知社区矫正对象监管的期限、要求以及违反监管规定后果。使用电子定位装置时，应当严格按照法律规定的程序和条件进行，既要维护执法权威和司法公信力，也要保障社区矫正对象的合法权益。

任务 4.1　对社区矫正对象使用电子定位装置告知书的格式

一、文书结构

对社区矫正对象使用电子定位装置决定书属于填写式文书，由三部分构成。参见【样表 4 – 33】。

（一）首部

文书首部即标题"对社区矫正对象使用电子定位装置告知书"。

（二）正文

第一部分是对社区矫正对象使用电子定位装置的原因、法律依据和期限，该部分内容与"社区矫正使用电子定位装置决定书"的内容大致相同，要求简明扼要写明原因，载明引用的法律条款，并列明使用的起止期限。

第二部分是社区矫正对象在使用电子定位装置期间必须遵守的规定以及违反监管规定的后果。

（三）尾部

尾部包括制作单位（公章）、日期以及社区矫正对象的承诺、签名、日期等。

二、制作要求

（1）本文书根据《社区矫正法》第 29 条以及《社区矫正法实施办法》第 37 条的规定制作。

（2）文书一式两份，加盖公章，社区矫正对象签名后存档一份，送社区矫正对象一份。

【样表 4 – 33】

对社区矫正对象使用电子定位装置告知书

社区矫正对象_____：

　　你在接受社区矫正期间，因_____，依据《中华人民共和国社区矫正法》第二十九条第一款第(四)项之规定，对你使用电子定位装置，加强监督管理。使用电子定

位装置的期限自＿＿年＿月＿日起至＿＿年＿月＿日止。在使用电子定位装置期间，必须遵守以下规定：

一、不得私自拆卸毁坏电子定位装置；

二、如果电子定位装置无法正常使用，应立即向社区矫正机构（受委托的司法所）报告；

三、未经批准不得擅自离开规定的活动区域。

如果违反上述规定之一的，社区矫正机构将依法予以处置。

（公章）

年　月　日

以上内容我已知晓并保证严格遵守。

社区矫正对象（签名）：

年　月　日

任务4.2　对社区矫正对象使用电子定位装置告知书的撰写

请以【案例4-6】为材料，制作《对社区矫正对象使用电子定位装置告知书》，实例如【样表4-34】：

【样表4-34】

对社区矫正对象使用电子定位装置告知书

社区矫正对象郑某：

你在接受社区矫正期间，因多次出现违反监督管理规定的行为，被××市公安局给予行政拘留七日并处罚款200元的处罚，依据《中华人民共和国社区矫正法》第二十九条第一款第(四)项之规定，对你使用电子定位装置，加强监督管理。使用电子定位装置的期限自2020年11月8日起至2021年2月7日止。在使用电子定位装置期间，必须遵守以下规定：

一、不得私自拆卸毁坏电子定位装置；

二、如果电子定位装置无法正常使用，应立即向社区矫正机构（受委托的司法所）

报告；

三、未经批准不得擅自离开规定的活动区域。

如果违反上述规定之一的，社区矫正机构将依法予以处置。

××市××区社区矫正机构（公章）

××××年××月××日

以上内容我已知晓并保证严格遵守。

社区矫正对象（签名）：郑某

××××年××月××日

【课堂活动 4-4】

请思考并讨论：你如何看待社区矫正电子定位监管在预防脱管漏管、重新违法犯罪中的实际应用效果？

【技能训练——实训项目】

案例 4-15

社区矫正对象朱某某在未向司法所请假的情况下，私自离开执行地，受到警告处理。社区矫正管理局向朱某某送达了《社区矫正使用电子定位装置决定书》，告知其期限、要求及违反监管规定后果，随后为其佩戴了电子定位手环，划定了"电子边界"，确保其在可控范围内活动。同时向其介绍了定位手环的使用方法及注意事项，并对其进行谈话教育，再次强调了违反监督管理规定的后果。在严肃的法律面前，朱某受到震撼、表示悔意，意识到自己的行为严重违反了社区矫正规定，同时保证在矫正期内一定遵守规定，按照要求报到、汇报思想情况，参加教育学习和公益活动。此次佩戴电子定位手环是《社区矫正法》实施后此县首例依法使用电子定位装置的案件，是推进"智慧矫正"，加强社区矫正对象定位管理的有效手段，时刻警示他们要严格遵守规定，不可逾越法律红线。

结合【案例 4-15】所给材料，制作一份《对社区矫正对象使用电子定位装置告知书》。

任务5　协助查找社区矫正对象通知书的制作

党的二十大报告指出："我们贯彻总体国家安全观，国家安全领导体制和法治体系、战略体系、政策体系不断完善，……共建共治共享的社会治理制度进一步健全，民族分裂势力、宗教极端势力、暴力恐怖势力得到有效遏制，扫黑除恶专项斗争取得阶段性成果，有力应对一系列重大自然灾害，平安中国建设迈向更高水平。"党的二十大报告明确了，未来5年的主要目标任务，要求平安中国建设扎实推进。努力建设统筹层次更高、治理效能更强、安全稳定局面更巩固、人民更满意的平安中国。当社区矫正对象失去联系时，为保证依法规范开展工作，需与公安机关共同完成查找工作，以消除社会不稳定因素，为平安中国建设做贡献。

协助查找社区矫正对象通知书是社区矫正对象失去联系后，经社区矫正机构组织查找不到时，通知公安机关协助查找以及将组织查找的情况通报人民检察院所使用的文书。社区矫正机构发现社区矫正对象失去联系的，应当立即组织查找。可以采取通讯联络、信息化核查、实地查访等方式，查找时要做好记录，固定证据。查找不到的，社区矫正机构应当及时通知公安机关，公安机关应当协助查找。社区矫正机构应当及时将组织查找的情况通报人民检察院。协助查找社区矫正对象通知书就是社区矫正机构与公安机关等有关单位衔接配合的程序性法定文书，公安机关应当根据该文书启动查找工作。

任务5.1　协助查找社区矫正对象通知书的格式

一、文书结构

协助查找社区矫正对象通知书属于填写式文书，共分为两联，第一联由社区矫正机构留存，第二联送达公安机关等有关单位和个人，并复印送人民检察院。参见【样表4-35】。

（一）第一联的结构内容

第一联是存根联，由社区矫正机构留存备查，由首部、正文、尾部三部分构成。

1. 首部

首部包括标题和文书字号。标题就是该文书的名称，即"协助查找社区矫正对象通知书"，文书字号由年度、社区矫正机构代字、类型代字和文书编号组成，例如"（2022）××矫协查字第 1 号"。

2. 正文

正文包括社区矫正对象的姓名、性别、出生日期、民族、身份证号、户籍地、执行地、社区矫正对象的判决情况、社区矫正的种类、社区矫正期限、请求予以配合协助查找以及发往相关单位等内容。

3. 尾部

尾部包括填发人、批准人、填发日期等内容。

（二）第二联的结构内容

第二联是通知书正本，由首部、正文、尾部三部分构成。

1. 首部

首部内容与第一联相同，包括标题和文书字号。

2. 正文

正文由受文者、文书主体、联系人和联系电话组成。受文者为协助查找社区矫正对象的机关，一般为公安机关；文书主体内容与第一联基本相同，删去"发往相关单位"的内容。与第一联不同的是，增加了联系人和联系电话，便于受文单位与社区矫正机构的联系。

3. 尾部

尾部包括文书制作单位（公章）和制作日期。

二、制作要求

（1）本文书根据《社区矫正法》第 30 条以及《社区矫正法实施办法》第 38 条的规定制作。用于社区矫正机构发现社区矫正对象失去联系后，经社区矫正机构查找不到时使用。

（2）文书存根联存档，通知书送公安机关等有关单位和个人，并复印送人民检察院。存根和通知书应加盖骑缝章。

【样表 4 - 35】

协助查找社区矫正对象通知书

（存根）

（ ）字第 号

社区矫正对象_____，男（女），___年_月_日出生，_____族，身份证号码_____，户籍地_____，执行地_____。因犯_____罪于___年_月_日被_____人民法院以_____号判决书判处_____。依据_____人民法院（公安局、监狱管理机关）_____号判决书（裁定书、决定书），在管制（缓刑、假释、暂予监外执行）期间，依法实行社区矫正。社区矫正期限自___年_月_日起至___年_月_日。___年_月_日，社区矫正对象_____失去联系，经查找无果，依据《中华人民共和国社区矫正法》第三十条规定，请予以配合协助查找。

发往机关（人员）_____公安局、_____（其他有关单位和人员）。

填发人：

批准人：

填发日期： 年 月 日

协助查找社区矫正对象通知书

（ ）字第 号

_____：

社区矫正对象_____，男（女），___年_月_日出生，_____族，身份证号码_____，户籍地_____，执行地_____。因犯_____罪于___年_月_日被_____人民法院以_____号判决书判处_____。依据_____人民法院（公安局、监狱管理机关）_____号判决书（裁定书、决定书），在管制（缓刑、假释、暂予监外执行）期间，依法实行社区矫正。社区矫正期限自___年_月_日起至___年_月_日。___年_月_日，社区矫正对象_____失去联系，经查找无果，依据

《中华人民共和国社区矫正法》第三十条规定，请予以配合协助查找。

特此通知。

联系人：　　　　　联系电话：

（公章）

年　月　日

任务5.2　协助查找社区矫正对象通知书的撰写

案例4-15

刘某，女，因犯利用邪教组织破坏法律实施罪被人民法院判处有期徒刑一年八个月，缓刑二年。判决生效后，依法实施社区矫正，矫正期限自2021年9月13日起至2023年9月12日止。2022年1月19日下午，刘某因与家人产生矛盾，偷偷跑出家门，并拒接家人电话。由于刘某属于严管社区矫正对象，为防止其产生过激行为，××县司法局在1月20日中午接到刘某家属汇报后，立即通过社区矫正信息化核查平台进行定位查询，发现刘某手机定位在××县××镇××南路，指令××司法所组织刘某家属前往××镇进行查找。经过4小时查找无果后，工作人员前往××派出所请求协助调查，并向××市社区矫正管理局报告工作情况。1月21日上午，××县司法局拟制发《协助查找社区矫正对象通知书》，通知××县公安局协助查找刘某。

请以【案例4-15】为材料，制作《协助查找社区矫正对象通知书》，实例如【样表4-36】。

【样表4-36】

协助查找社区矫正对象通知书

（存根）

（2022）××矫协查字第1号

社区矫正对象刘某，女，<u>××××年××月××日</u>出生，<u>×</u>族，身份证号码<u>×××××××</u>

×××××××××××，户籍地××省××市××区××街道××小区×栋××号，执行地××省××市××区。因犯利用邪教组织破坏法律实施罪于 2021 年 9 月 1 日被××××人民法院以××××号判决书判处有期徒刑一年八个月，缓刑二年。依据××××人民法院××××号判决书，在缓刑期间，依法实行社区矫正。社区矫正期限自 2021 年 9 月 13 日起至 2023 年 9 月 12 日。2022 年 1 月 20 日，社区矫正对象刘某失去联系，经查找无果，依据《中华人民共和国社区矫正法》第三十条规定，请予以配合协助查找。

发往机关××××公安局。

填发人：××××

批准人：××××

填发日期：2022 年 1 月 21 日

协助查找社区矫正对象通知书

（2022）××矫协查字第 1 号

×××公安局：

社区矫正对象刘某，女，××××年××月××日出生，×族，身份证号码×××××××××××××××××，户籍地××省××市××区××街道××小区×栋××号，执行地××省××市××区。因犯利用邪教组织破坏法律实施罪于 2021 年 9 月 1 日被××××人民法院以××××号判决书判处有期徒刑一年八个月，缓刑二年。依据××××人民法院××××号判决书，在缓刑期间，依法实行社区矫正。社区矫正期限自 2021 年 9 月 13 日起至 2023 年 9 月 12 日。2022 年 1 月 20 日，社区矫正对象刘某失去联系，经查找无果，依据《中华人民共和国社区矫正法》第三十条规定，请予以配合协助查找。

特此通知。

联系人：×××　　　联系电话：×××××××××××

×××司法局（公章）

2022 年 1 月 21 日

【课堂活动 4 – 5】

请思考并讨论：在社区矫正日常监督管理中，若发现社区矫正对象下落不明，社区矫正工作人员可以采取哪些措施防止社区矫正对象脱管、漏管的发生？

【技能训练——实训项目】

案例 4 – 16

冯某，19 岁，因犯寻衅滋事罪被××省××市××区人民法院判处有期徒刑二年，缓刑二年六个月，于 2022 年 1 月 20 日到××县司法局执行社区矫正。2022 年 4 月 5 日 14 时许，社区矫正工作人员在对社区矫正人员进行日常信息化核查时，发现社区矫正人员冯某出现越界前往××市的行为，在多次拨打冯某电话后，发现其手机关闭至关机状态，而手机的最后定位位置停留在××市××辖区内。工作人员高度重视，意识到事情的严重性，认为冯某存在脱逃的行为。社区矫正工作人员第一时间与其父亲及矫正小组成员取得联系，并向领导汇报，立即向公安机关发出协助查找的函件，随即开展多方查找工作。经过多方努力，该社矫人员于 4 月 8 日上午 11 点在××市某酒店被成功找到。

请以**【案例 4 – 16】**为材料，制作一份《协助查找社区矫正对象通知书》。

【思考题】

1. 在《社区矫正法》中，关于暂予监外执行的社区矫正对象应当予以收监的具体程序是怎么规定的？

2. 社区矫正考核奖励类文书和惩罚类文书各包括哪些，分别具有何种特点？

拓展 **学习**

最高检首次发布社区矫正法律监督指导性案例[1]

2022 年 2 月 14 日，最高人民检察院召开新闻发布会，发布第三十三批指导

---

〔1〕　李海洋："最高检首次发布社区矫正法律监督指导性案例"，载《中国商报》2022 年 2 月 22 日，第 4 版。

性案例。这是最高检首次发布社区矫正法律监督指导性案例，也是最高检首次邀请基层群众自治组织负责人、社区矫正小组成员出席新闻发布会。在此摘录其中1件指导性案例——社区矫正对象崔某某暂予监外执行收监执行监督案。

【基本案情】

社区矫正对象崔某某，男，1958年8月出生，原山东某国有企业总经理。2015年6月2日因犯受贿罪被山东省淄博市博山区人民法院判处有期徒刑十年，刑期至2025年1月20日止。2015年7月4日，崔某某被交付山东省淄博监狱服刑。2016年5月6日，崔某某因在监狱中诊断患有胃癌被暂予监外执行，在山东省淄博市博山区某镇司法所接受社区矫正。因其儿子在上海工作并定居，崔某某被暂予监外执行后在上海接受手术及化疗。后为便于病情复查及照料看护，崔某某提出申请变更社区矫正执行地至上海市金山区。2017年3月6日，崔某某变更至上海市金山区某镇司法所接受社区矫正。崔某某在上海市金山区接受社区矫正期间能遵守社区矫正相关规定，按时向社区矫正机构报告病情复查情况，矫正表现良好。

2020年，金山区人民检察院结合病情诊断、专家意见和法医审查报告认为，崔某某化疗结束后三年期间未发现癌症复发或转移现象，暂予监外执行情形消失且刑期未满，依法监督社区矫正机构提请监狱管理机关将崔某某收监执行。

【检察机关履职过程】

一、线索发现。2020年7月，金山区人民检察院邀请区人大代表、政协委员、医师等，以辖区内被暂予监外执行的职务犯罪社区矫正对象监督管理工作为重点，开展专项监督。检察人员发现，崔某某自2017年6月化疗结束至2020年7月，由上海市静安区中心医院出具的历次复诊小结中，均未见明显的胃癌症状描述，其是否仍符合暂予监外执行情形需要进一步调查。

二、调查核实。为全面掌握崔某某身体健康状况和接受社区矫正情况，金山区人民检察院查阅了崔某某刑罚变更执行和接受日常监管矫正文书档案，以及原始病历资料和每三个月的病情复查材料等，询问了社区矫正工作人员及崔某某。同时为更精准判断崔某某暂予监外执行监督工作中所涉及的医学问题，金山区人民检察院邀请主任医师杨某某作为有专门知识的人全程参与，提出咨询意见。经调查核实，崔某某在社区矫正期间能够遵守各项规定，一直接受治疗，病情较为稳定。杨某某根据调查核实情况，出具"初步认为其胃癌术后恢复情况良好，无癌症复发指征"的专家意见。

三、监督意见。2020 年 9 月 23 日，金山区人民检察院向金山区司法局提出检察建议，建议其组织对崔某某进行病情复查和鉴定。如鉴定结果为不再符合暂予监外执行情形，应当及时提请收监执行。金山区司法局采纳了检察建议，组织病情复查。复旦大学附属金山医院作出"目前癌症未发现明显复发或转移"的诊断结论。2020 年 10 月 15 日，金山区司法局就崔某某收监执行征求金山区人民检察院意见。金山区人民检察院结合病情诊断、专家意见和法医审查报告认为，崔某某化疗结束后三年期间未发现癌症复发或转移现象，可以认定其暂予监外执行情形消失且刑期未满，符合收监执行情形，遂向金山区司法局制发《检察意见书》，同意对崔某某收监执行。

四、监督结果。2020 年 10 月 20 日，金山区司法局向山东省监狱管理局发出《收监执行建议书》。2020 年 10 月 30 日，山东省监狱管理局制发《暂予监外执行收监决定书》，决定将崔某某依法收监执行。2020 年 11 月 2 日，崔某某被收监执行。

项目五

社区矫正教育帮扶工作文书制作

学习目标

知识目标：掌握社区矫正教育帮扶工作中各类文书的适用情形、具体格式和制作要求；

能力目标：具备制作社区矫正对象教育谈话工作文书、学习教育记录表、帮扶协议书等法律文书的基本能力；

素质目标：培养耐心细致、实事求是、严谨规范的工作态度，树立同理心、高度社会责任感和攻坚克难的职业担当精神。

知识树

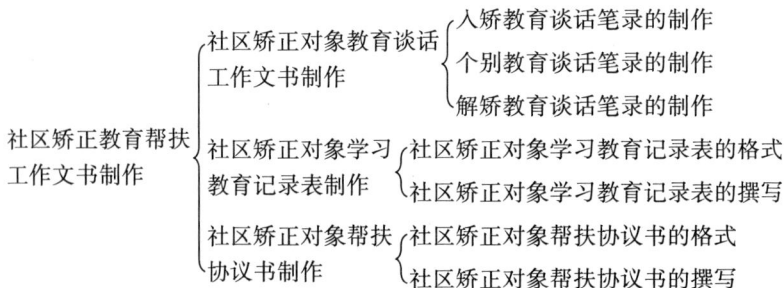

社区矫正教育帮扶工作文书制作

社区矫正对象教育谈话工作文书制作
- 入矫教育谈话笔录的制作
- 个别教育谈话笔录的制作
- 解矫教育谈话笔录的制作

社区矫正对象学习教育记录表制作
- 社区矫正对象学习教育记录表的格式
- 社区矫正对象学习教育记录表的撰写

社区矫正对象帮扶协议书制作
- 社区矫正对象帮扶协议书的格式
- 社区矫正对象帮扶协议书的撰写

案例 5 - 1

【社区矫正对象基本情况】

李某，男，1989 年 11 月生，户籍地、居住地均为陕西省宝鸡市陈仓区。2019 年 12 月因犯开设赌场罪被判处有期徒刑一年六个月，缓刑一年六个月，缓刑考验期自 2020 年 4 月 23 日起至 2021 年 10 月 22 日止。2020 年 4 月 23 日，李某被实施社区矫正，由执行地受委托的司法所负责对其社区矫正期间日常管理。

【对社区矫正对象依法实施教育帮扶情况】

（一）思想教育化心结，消除心理阴影

在日常管理中，司法所工作人员及时深入李某家中了解其基本情况、现实表现、思想动态等，在开展谈心谈话中对其进行思想教育和心理疏导，帮助他重塑自食其力的信心。司法所工作人员在不给李某造成精神压力的前提下，循序渐进地与李某谈心，使他正视过去的错误，勇于认错、改错，树立信心和勇气积极踏上正途。司法所日常走访时还会赠阅他一些法律方面和创业就业技术培训等书籍，鼓励他先多学习、多思考，积极帮助他走出思想困境，寻找正确的人生方向。

（二）就业帮扶促创业，强化自谋生路

司法所工作人员在走访中了解到李某父亲之前擅长养猪，考虑到 2020 年前后当地猪市行情很好，就与其父亲及李某沟通帮助其发展养猪产业，同时还积极联系了一家闲置猪场租赁给李某。通过司法所积极沟通协调，李某把猪场租下来。李某的养猪场办起来了，为了帮助其规范养殖、扩大养殖规模，司法所工作人员又联系镇畜牧兽医站、养殖专家王某等在防疫和养殖知识信息方面给予大力帮助。前养猪场的主人也定期探望并传授养猪方面技巧，让李某深深感受到了来自社会各方面的关怀。2020 年底，李某养猪场出栏生猪400 多头，获利 60 余万元。养殖产业的成功使李某充分认识到自己也是社会有用之人，完全有能力通过勤劳致富。

（三）成功创业树信心，热心公益促回归

李某通过自身创业，结交了更多勤劳致富的成功人士，也逐渐由被家庭、周围人疏远排斥到用自己的行动改变他人的态度。他还坚持为村里的公益活动做贡献，积极参加防火队、防汛抢险队等。李某的积极转变也赢得了他人的认可与尊重。

【案例注解】

党的二十大报告指出："坚持以人民为中心的发展思想。维护人民根本利益，增进民生福祉，不断实现发展为了人民、发展依靠人民、发展成果由人民共享，让现代化建设成果更多更公平惠及全体人民。"将一切为民谋利作为根本出发点，将切实造福于民作为实践落脚点，把群众的急难愁盼放在心上、抓在手上，想群众之所想、急群众之所急，用心用情用力解决好群众的操心事、烦心事、揪心事，不断创造党和人民认可、经得起实践和历史检验的政绩。教育帮扶是社区矫正任务之一，是帮助社区矫正对象成为守法公民的重要举措。此案例中，司法所认真履行《社区矫正法》第五章"教育帮扶"及《社区矫正法实施办法》第45条等法律规定赋予的工作职责，积极开展个性化的教育帮扶工作，取得了良好效果。依据《社区矫正法》第36、37、42条的规定，切实根据社区矫正对象个体特征、日常表现开展送法上门、谈心谈话等多种教育方式，增强其法治观念，提高其道德素质和悔罪意识；积极协调畜牧站等对社区矫正对象提供技能培训和养殖技术指导，解决其养殖产业发展中的困难和问题；鼓励社区矫正对象积极参与公益活动，修复社会关系，培养社会责任感。

任务1 社区矫正对象教育谈话工作文书的制作

社区矫正对象教育谈话以社区矫正对象接受矫正的时间进程为基础，结合其动态表现，分阶段、有组织地实施，具体分为入矫教育谈话、日常教育谈话和解矫教育谈话。社区矫正对象教育谈话工作文书是社区矫正机构在对社区矫正对象进行教育矫正工作过程中根据教育谈话内容形成的文字材料的总称，主要有入矫教育谈话笔录、日常教育谈话笔录和解矫教育谈话笔录。社区矫正对象教育谈话工作文书制作的主要依据是《社区矫正法实施办法》第43条。

此类文书在文体上属于工作笔记一类，记录形式及方法较为灵活。可以分为问答式谈话笔录和追记式谈话笔录。问答式谈话笔录是指谈话的同时边谈边记，详细记录与社区矫正对象谈话过程和内容。这种方式采取一问一答的形式，当场制作，有利于真实还原谈话过程，通常用于询问事件经过、调查取证、核实情况等。追记式谈话笔录是指社区矫正工作人员和矫正对象在个别谈话时不做记录，之后对内容进行回忆并择摘要记录。这种方式有利于谈话的深入开展，消除矫正对象紧张不安的情绪，通常用于社区矫正对象汇报思想、对其进行鼓励表扬、批评教育等。本项目介绍的部分文书还没有统一的名称和格式，因此，笔者参考全国各地区的做法，介绍一些推荐性文书格式，供读者和实务工作者参考。

任务 1.1　入矫教育谈话笔录的制作

根据《社区矫正法实施办法》第 43 条的规定，入矫教育是社区矫正机构接收社区矫正对象之后，为实现使之尽快适应社区矫正生活而进行的以权利义务、认罪悔罪和矫正意识等为主题的专项教育活动。[1]入矫教育的期间一般是社区矫正对象入矫宣告后的 3 个月，社区矫正机构工作人员可以根据矫正时间长短予以调整，确定入矫教育的项目及重点，可以以周为时间单位制定教育计划，及时整理入矫教育谈话笔录和教育情况反馈。

入矫教育谈话笔录是记载和整理社区矫止对象入矫教育谈话内容的文字材料，为后续制定和实施个性化矫正方案提供真实客观的原始依据，也是记录社区矫正工作人员入矫教育工作开展情况的书面凭据。

一、入矫教育谈话笔录的格式

（一）文书结构

《入矫教育谈话笔录》主要由首部、正文、尾部三部分组成。

1. 首部

文书名称即"入矫教育谈话笔录"。

2. 正文

（1）基本信息。主要包括以下内容：①谈话时间。准确记录谈话的起止时间，精确到时分，谈话时长不受限制。②谈话地点。一般在社区矫正机构/

---

〔1〕　张建明、吴艳华主编：《社区矫正实务》，中国政法大学出版社 2021 年版，第 221 页。

司法所的社区矫正谈话室进行。③谈话人和记录人。应当组织两名以上工作人员作为教育谈话人参加谈话，问答式谈话时采取一人谈话、一人记录的方式。写明谈话人和记录人的姓名、单位及职务。④社区矫正对象的基本信息。包括社区矫正对象的姓名、性别、出生日期、文化程度、矫正类别、罪名、刑期、矫正期限、起止日期、户籍所在地、现住址、工作单位、联系方式。

（2）谈话内容。这是本文书的核心部分，要求准确、全面、如实记录入矫谈话的内容。社区矫正机构工作人员应根据调查评估的结果，结合社区矫正对象的具体情况和特点，有针对性地进行个性化教育谈话。谈话对象不同、目的不同，谈话的内容和重点也随之不同。

3. 尾部

笔录最后要求社区矫正对象核实谈话笔录内容后签名、捺指印；不识字的矫正对象由工作人员宣读内容，由矫正对象捺指印确认。

（二）制作要求

（1）谈话记录属于实录性执法文书，可现场记录，也可事后补记。

（2）谈话内容的具体记录方法可以采用问答式，记载的内容要客观真实，详略得当。不能随意取舍，断章取义。书写要规范，字迹工整，有改动的地方矫正对象应捺指印表示确认。每一页须有矫正对象的签名（指印）。

（3）笔录中涉及国家秘密、商业秘密、个人隐私等信息应当保密。

二、入矫教育谈话笔录的撰写

案例 5 - 2

潘某某，男，1977 年 10 月 8 日出生，高中文化，户籍地及居住地为 H 省 T 市 L 市，目前无业。2021 年 3 月 26 日，潘某某因犯交通肇事罪被 H 省 N 县人民法院判处有期徒刑九个月，缓刑一年，缓刑考验期间自 2021 年 4 月 7 日起至 2022 年 4 月 6 日止。2021 年 4 月 15 日，潘某某携带《接受社区矫正对象报到通知书》《社区矫正对象基本信息表》《社区矫正人员须知》等一系列规定材料到受委托的 Y 司法所报到，司法所对其组织了入矫宣告，并进行了入矫谈话教育。

根据【案例 5 - 2】所给材料和所学知识，制作一份《入矫教育谈话笔录》。实例如【样表 5 - 1】：

【样表 5－1】

入矫教育谈话笔录（参考）

时间 2021 年 4 月 15 日 9 时 00 分至 2021 年 4 月 15 日 9 时 30 分

地点　Y 司法所

谈话人　王某某　工作单位及职务　Y 司法所所长

记录人　唐某某　工作单位及职务　Y 司法所工作人员

矫正对象姓名　潘某某　性别　男　出生日期　1977 年 10 月 8 日　文化程度　高中

矫正类别　缓刑　罪名　交通肇事罪　刑期　有期徒刑九个月　矫正期限　一年

起止时间　2021 年 4 月 7 日起至 2022 年 4 月 6 日止

户籍所在地　H 省 T 市 L 市　现住址　H 省 T 市 L 市

工作单位　无　联系方式　×××××××××××

问：我们是　Y　司法所工作人员，现在依法对你进行入矫谈话，并向你了解相关情况，告知你在社区矫正期间的权利义务以及应遵守的有关规定。现向你宣读社区矫正期间的权利义务和应遵守的有关规定（略）。你对刚才宣读的内容是否清楚？

答：已经了解清楚。

问：你作为一名社区矫正对象，是否明确自己的身份，能否认罪服法，自觉接受社区矫正，积极改造？

答：是。

问：你的犯罪原因是什么？何时被何地法院判何罪？刑期是多少？

答：犯罪原因是疲劳驾驶导致发生交通事故，2021 年 3 月 26 日，因交通肇事罪被 H 省 N 县人民法院判处有期徒刑九个月，缓刑一年，缓刑考验期间自 2021 年 4 月 7 日起至 2022 年 4 月 6 日止。

问：对你所犯的罪行和惩罚，你有何认识？

答：我深刻认识到自己的犯罪行为所带来的严重后果，对自己的犯罪行为深感内疚，我愿意认罪服法，自觉接受社区矫正，积极改造，以自己的实际行动弥补罪过，争做一名合格公民，早日顺利解矫、回归社会。

问：介绍一下你的家庭成员情况和主要社会关系？

答：家里成员主要有父母、妻子、女儿。社会关系主要有亲戚和一些货车司机朋友。

问：你目前的家庭经济情况和生活来源如何？

答：犯罪前我的职业是大货车司机，妻子在打工，父母在老家务农，女儿在上学，家庭经济条件一般。犯罪后由于驾驶证被吊销，无法再从事原来的工作，目前上有老下有小，仅靠妻子打工的微薄收入支撑家庭开支，家庭经济情况较为困难。

问：在今后接受社区矫正期间有何打算，你准备怎么做？

答：在社区矫正期间，我一定服从监管和教育学习安排，严格执行社区矫正的各项规定。

问：从今天开始，你正式接受社区矫正，你有什么要说的吗？

答：我一定认真接受社区矫正，争取早日顺利解矫。

问：你愿意配合司法所和矫正小组对你进行监管和帮扶吗？

答：我愿意。

问：在矫正期间要随时保持电话畅通，并做到随叫随到，你能做到吗？

答：我能做到。

问：在社区矫正期间有无其他困难？

答：目前我没有工作，家庭经济较为困难，希望社区矫正小组能提供求职方面的帮助。

问：今天是对你入矫的第一次谈话，目的是让你了解社区矫正的监督管理规定和违反规定的法律后果，希望你严格遵守法律法规和社区矫正的管理制度，认真接受矫正。你能做到吗？

答：我一定严格遵守法律和社区矫正的各项制度。

问：你是否还有其他需要说明的问题？

答：没有了。

问：以上回答是否是事实？

答：是

以上笔录我已看过，跟我说的一致。

社区矫正对象签名（指印）潘某某

2021 年 4 月 15 日

【课堂活动 5 - 1】

入矫谈话是帮助社区矫正对象提高思想认识、正确反思罪错、树立遵规守纪观念的第一步。请思考并讨论，一次有效的入矫教育谈话应包括哪些元素？

【技能训练——实训项目】

🔍 **案例 5 - 3**

汤某某，男，1959 年 1 月 5 日出生，大学本科文化，无业，户籍地和居住地为 S 省 C 市 W 区。2012 年 5 月，汤某某因犯受贿罪被 C 市中级人民法院判处有期徒刑 10 年 6 个月。2020 年 4 月汤某某获得假释，假释期自 2020 年 4 月 24 日起至 2021 年 7 月 7 日止。2020 年 4 月 27 日，汤某某到 C 市 W 区社区矫正机构报到，由执行地 N 司法所负责对其进行社区矫正期间的日常管理。

根据以上案例和所学知识，制作一份汤某某的《入矫教育谈话笔录》。

任务 1.2　个别教育谈话笔录的制作

社区矫正个别教育谈话是指社区矫正工作人员通过与社区矫正对象个别谈话，交流了解社区矫正对象的个体身心以及所处的社会环境中存在的问题，有的放矢地通过谈话处理问题或是谈话引导社区矫正对象正确面对困难与不利环境，积极地适应社会生活的一种个别教育手段。[1]个别教育谈话笔录是真实、准确记载个别谈话内容和反映社区矫正对象思想动态的书面材料，为后续实施和调整个案矫正方案提供真实客观的原始依据，也是记录社区矫正工作人员日常监管工作开展情况的书面凭据。做好对社区矫正对象个别教育谈话有利于实现党的二十大提出的"引导全体人民做社会主义法治的忠实崇尚者、自觉遵守者、坚定捍卫者"。

一、个别教育谈话笔录的格式

（一）文书结构

个别教育谈话笔录主要由首部、正文、尾部三部分组成。

---

〔1〕　芦麦芳主编：《社区矫正教育》，法律出版社 2016 年版，第 139 页。

1. 首部

文书名称即"个别教育谈话笔录"或"个别教育谈话笔录（第×次）"。

2. 正文

个别教育谈话笔录正文应当包括下列事项：

（1）基本信息。主要包括以下内容：①谈话时间。准确记录谈话的起止时间，精确到时分，谈话时长不受限制。②谈话地点。一般在社区矫正机构/司法所的社区矫正谈话室进行。③谈话人和记录人。应当组织两名以上工作人员作为教育谈话人参加谈话，问答式谈话时采取一人谈话、一人记录的方式。写明谈话人和记录人的姓名、单位及职务。④社区矫正对象的基本信息。包括社区矫正对象的姓名、性别、出生日期、文化程度、矫正类别、罪名、刑期、矫正期限、起止日期、户籍所在地、现住址、工作单位、联系方式。

（2）谈话内容。这是本文书的核心部分，要求准确、全面、如实记录谈话的内容。主要包括教育主题、教育内容、工作措施，教育效果初步分析等。一般来说，对家庭发生变故、身患重病、生活出现困难、有自杀倾向、发生矛盾纠纷、有报复社会的言论和苗头、社会交往异常等特殊需求或情况的矫正对象，应当适当增加个别教育的次数和时间。谈话主题应围绕其矫正动态、思想矛盾、实际困难、意见建议等来确定，社区矫正机构工作人员应结合社区矫正对象的具体表现、思想状况和动态，有针对性地进行个性化教育谈话，进而采取有针对性的教育矫正措施。谈话对象不同、目的不同，谈话的内容和重点也随之不同。

3. 尾部

笔录最后要求社区矫正对象核实谈话笔录内容并签名、捺指印；不识字的矫正对象由工作人员宣读内容，由矫正对象捺指印予以确认。

（二）制作要求

（1）谈话记录属于实录性执法文书，可现场记录，也可事后补记。

（2）谈话内容的具体记录方法可以采用问答式，记载的内容要客观真实，详略得当。不能随意取舍，断章取义。书写要规范，字迹工整，有改动的地方矫正对象应捺指印表示确认。每一页须有矫正对象的签名（指印）。

（3）笔录中涉及国家秘密、商业秘密、个人隐私等信息应当保密。

二、个别教育谈话笔录的撰写

🔍 案例 5 - 4

徐某，男，1992 年 8 月 6 日出生，初中文化，户籍地、居住地均为 G 省 S 市 C 区。2019 年 12 月 29 日，徐某因犯故意伤害罪被 G 市 H 区人民法院判处有期徒刑七个月，缓刑一年。缓刑考验期自 2020 年 1 月 10 日起至 2021 年 1 月 9 日止，矫正期间在 ×× 公司上班。2020 年 1 月 19 日，徐某到 S 市 C 区司法局报到。C 区司法局在办理完接收手续后，指定徐某由 B 司法所进行监管。2020 年 8 月 30 日，根据上级通报，C 区司法局要求司法所对徐某在位情况进行核查。经核实，徐某私自外出至深圳，目的是陪女朋友过七夕。徐某认为，自己擅自外出只是短短 3 天的时间，目的地也不远，没做什么违法的行为，抱着侥幸心理，认为应该不会被发现，即使被发现情况也不严重。司法所工作人员将具体情况向区司法局报告，并通知徐某 8 月 31 日下午到 C 区司法局接受训诫谈话。C 区司法局在谈话过程中严肃告知其违反社区矫正相关规定，根据《社区矫正实施办法》第二十三条规定，决定给予徐某训诫一次，并扣 4 分，并做谈话笔录。

根据以上案例和所学知识，制作一份徐某的《个别教育谈话笔录》。实例如【样表 5 -2】：

🔍 【样表 5 -2】

个别教育谈话笔录

时间 2020 年 8 月 31 日 15 时 00 分至 2020 年 8 月 31 日 15 时 30 分
地点　C 区司法局社区矫正科
谈话人　陈某某　工作单位及职务　C 区司法局社区矫正科科长
记录人　魏某某　工作单位及职务　C 区司法局社区矫科工作人员

矫正对象姓名　徐某　性别　男　出生日期　1992 年 8 月 6 日　文化程度　初中

矫正类别　缓刑　罪名　故意伤害罪　原判刑罚　有期徒刑七个月　矫正期限

　一年　起止时间　2020 年 1 月 10 日起至 2021 年 1 月 9 日止

户籍所在地　G 省 S 市 C 区　现住址　G 省 S 市 C 区

工作单位　××公司　联系方式　×××××××××××

我们是　C 区　司法局工作人员，现根据《中华人民共和国社区矫正法》第二十七条、二十八条规定，《中华人民共和国社区矫正法实施办法》第三十三条规定，依法对你进行训诫谈话，请你如实回答。

问：谈谈你这段时间的活动情况。

答：我自接受社区矫正以来，在重点管理期间和转为普通管理期间能够遵守社区矫正的有关监管规定，按时报到，服从司法所工作人员管理，参加社区服务劳动和集中教育劳动。

问：你清楚为什么依法找你谈话吗？

答：清楚，因为没有请假，私自外出到深圳 3 天。

问：请你详细阐述违规的具体事实经过。

答：8 月 28 日，我按要求上传照片和定位，打算于 8 月 30 日到司法所报到并上交思想汇报，但是情人节快到了，我女朋友在深圳，我想过去陪她过情人节，于是擅自外出至深圳市，为期 3 天。我想只是短短 3 天的时间，目的地也不远，又不是做什么违法的事儿，抱着侥幸心理，觉得应该不会被你们发现，即使被发现了，情况也不严重。

问：你对自己的违规行为有什么认识？

答：在入矫宣告和矫正期间，司法所工作人员多次向我强调，未经批准不得擅自离开监管区域 S 市。因就医、家庭重大变故等原因，确需离开居住地的，或者迁居的，应当报经司法行政机关批准。我擅自外出的行为确实违反了社区矫正的监管规定。

问：你知道违反社区矫正相关规定的后果吗？

答：我知道，在社区矫正期间如果不能严格遵守法律法规及矫正管理规定，就可能会失去社区矫正的机会，失去宝贵的自由。

问：根据《中华人民共和国社区矫正法实施办法》第三十四条规定，决定给予你训诫 1 次，并扣 4 分，将你的监管类别进行调整，由普通管理再转为重点管理，你有什么异议？

答：无异议。

问：你清楚这次处罚将对你产生严重影响吗？

答：知道。

问：从今天开始，你有什么打算？

答：今后我一定端正态度，严格遵守社区矫正各项规定和司法所的日常管理要求，积极参与社区服务、集中教育活动，保证再也不出现违规行为，争取早日顺利解矫。

问：希望你能认真汲取教训，对自己的社区矫正对象身份有清醒的认识，深刻认识到自己过去行为的错误性、严重性。如果在社区矫正期间不能严格遵守法律法规及矫正管理规定，就可能会失去社区矫正的机会，严重的话会收监执行。你明白吗？

答：明白。

问：在今后的生活中要认真遵守社区矫正各项规定，珍惜接受社矫的机会，你能不能做到？

答：能做到。

问：有没有什么困难或问题需要我们协助解决的？

答：没有。

问：你是否还有其他需要说明的问题？

答：没有。

问：以上回答是否是事实？

答：是事实。

以上笔录我已看过，跟我说的一致。

社区矫正对象签名（指印）徐某

2020 年 8 月 31 日

【课堂活动 5 - 2】

请思考并讨论，在个别教育谈话中如何做到情理与法理相结合，充分发挥教育警示作用？

【技能训练——实训项目】

案例 5 - 5

庄某某，男，1972 年 2 月 15 日出生，小学文化，个体工商户，户籍地、居住地均为 H 省 Y 市 Z 区。2020 年 9 月，庄某某因犯赌博罪被 Y 市 Z 区人民法院判处有期徒刑二年六个月，缓刑三年六个月。缓刑考验期为 2020 年 10 月 10 日至 2024 年 4 月 9 日。2020 年 10 月 23 日，庄某某到 Z 区司法局报到，由居住地 M 司法所负责对其社区矫正期间的日常管理。2020 年 12 月 13 日，司法所工作人员发现庄某某 24 小时无定位记录，且无法联系上其本人，于是立即联系其家属及所在村支书了解情况，得知庄某某因参与赌博已被公安机关行政拘留。12 月 16 日，司法所工作人员到当地派出所调查了解，得知庄某某于 2020 年 12 月 12 日在当地参与赌博时，被公安机关当场抓获。随后，司法所工作人员对庄某某违反社区矫正规定的情形进行走访调查并核实取证，形成调查笔录。司法所认为，庄某某缓刑考验期内参与赌博，被行政拘留，违反了社区矫正规定，对社会造成了不良影响，依规应予处罚。根据《社区矫正法》《社区矫正法实施办法》之规定，司法所将该情况上报至 Z 区司法局。

Z 区司法局根据《社区矫正法实施办法》第三十五条之规定，提议给予其警告处罚，并将庄某某日常监管等级升为严管级，2021 年 1 月 14 日下午，Z 区司法局依法传唤庄某某进行训诫谈话，并做谈话笔录。

根据以上案例和所学知识，制作一份《个别教育谈话笔录》。

任务 1.3　解矫教育谈话笔录的制作

解矫教育是社区矫正机构工作人员针对解矫前的社区矫正对象进行的，以适应社会生活为主题的，带有总结性，补课性的专项教育活动。解矫教育时间通常为矫正期限届满前 1 个月。解矫教育谈话笔录是记载和整理社区矫正机构工作人员对社区矫正对象解矫教育谈话内容的文字材料，为后续综合评议其矫正期间表现、出具鉴定意见以及印证其档案材料等活动提供依据。

一、解矫教育谈话笔录的格式

（一）文书结构
《解矫教育谈话笔录》主要由首部、正文、尾部三部分组成。

1. 首部

文书名称即"解矫教育谈话笔录"。

2. 正文

解矫教育谈话笔录正文应当包括下列事项：

（1）基本信息。主要包括以下内容：①谈话时间。准确记录谈话的起止时间，精确到时分，谈话时长不受限制。②谈话地点。一般在社区矫正机构/司法所的社区矫正谈话室进行。③谈话人和记录人。应当组织两名以上工作人员作为教育谈话人参加谈话，问答式谈话时采取一人谈话、一人记录的方式。写明谈话人和记录人的姓名、单位及职务。④社区矫正对象的基本信息。包括社区矫正对象的姓名、性别、出生日期、文化程度、矫正类别、罪名、刑期、矫正期限、起止日期、户籍所在地、现住址、工作单位、联系方式。

（2）谈话内容。这是本文书的核心部分，要求准确、全面、如实记录谈话的内容，突出重点、谈话主题、谈话内容、谈话效果等。笔录可以对言词语句进行必要整理，但务必保持原意，不能掺杂记录人的见解和主观判断。

3. 尾部

笔录最后要求社区矫正对象核实谈话笔录内容并签名、捺指印；不识字的矫正对象由工作人员宣读内容，由矫正对象捺指印予以确认。

（二）制作要求

（1）谈话记录属于实录性执法文书，可现场记录，也可事后补记。

（2）谈话内容的具体记录方法可以采用问答式，记载的内容要客观真实，详略得当。不能随意取舍，断章取义。书写要规范，字迹工整，有改动的地方矫正对象应捺指印表示确认。每一页须有矫正对象的签名（指印）。

（3）笔录中涉及国家秘密、商业秘密、个人隐私等信息应当保密。

二、解矫教育谈话笔录的撰写

🔍 **案例 5-6**

社区矫正对象张某，男，1987 年 4 月 8 日出生，个体工商户，高中文化，户籍地和现居住地均为 B 市 C 区。2020 年 2 月，张某因犯交通肇事罪被 S 省 C 区人民法院判处有期徒刑一年，缓刑一年六个月，缓刑考验期自 2020 年 2 月 24 日起至 2021 年 8 月 23 日止，由居住地 Y 司法所负责对其社区矫正期间的日常管理。在社区矫正即将解矫之际，Y 司法所工作人员认真做好社区矫正对象解矫工作，明确解矫阶段各项具体措施，并于 8 月 20 日上午对其开展解矫教育谈话。在解矫谈话教育中，司法所所长与张某一同回顾矫正过程，希望他继续保持对法律的敬畏，以全新的姿态面对解矫后的生活，张某表示一定牢记教训，保持警醒，做合格公民。

根据以上案例和所学知识，制作一份《解矫教育谈话笔录》。实例如【样表 5 - 3】。

【样表 5 - 3】

解矫教育谈话笔录（参考）

时间 <u>2021</u> 年 <u>8</u> 月 <u>20</u> 日 <u>9</u> 时 <u>00</u> 分至 <u>2021</u> 年 <u>8</u> 月 <u>20</u> 日 <u>9</u> 时 <u>30</u> 分

地点 <u>Y 司法所</u>

谈话人 <u>李某某</u> 工作单位及职务 <u>Y 司法所所长</u>

记录人 <u>吴某某</u> 工作单位及职务 <u>Y 司法所工作人员</u>

矫正对象姓名 <u>张某</u> 性别 <u>男</u> 出生日期 <u>1987 年 4 月 8 日</u> 文化程度 <u>高中文化</u>

矫正类别 <u>缓刑</u> 罪名 <u>交通肇事罪</u> 刑期 <u>有期徒刑一年</u> 矫正期限 <u>一年六个月</u> 起止时间 <u>2020 年 2 月 24 日起至 2021 年 8 月 23 日止</u>

户籍所在地 <u>B 市 C 区</u> 现住址 <u>B 市 C 区</u>

工作单位 <u>××××××××××</u> 联系方式 <u>××××××××××</u>

问：我们是 <u>Y 司法所</u> 工作人员，现对你进行解矫教育谈话，主要是为了解你的思想状况、行为表现、生活工作等方面是否存在困难，请你如实回答。

问：请你谈谈自己在社区矫正期间法制观念、思想道德、纪律作风等方面有什么变化？

答：<u>社区矫正让我在法制观念、思想道德、纪律作风等方面都有了明显的提升。</u>

问：请你谈谈对比矫正初期，你的心理有什么变化？

答：矫正初期，我对自己的身份感到很自卑，认为自己是一名罪犯，对生活几乎失去了信心，感觉看不到希望了。在社区矫正期间，工作人员为我营造了一个良好的工作和社会环境，使我看到了生活的希望，树立了改过自新、重新做人的信心，渐渐地从罪犯身份的阴影中走出来。

问：请你谈谈在社区矫正期间有什么收获？

答：在社区矫正期间，我学到了很多知识，自己的法治意识和道德水平都有所提高，我最大的收获是矫正工作者并没有因为我是一名罪犯而对我区别对待，他们帮助我，教育我，经常走访我的家人，还给予我和我的家庭极大的关心和照顾，让我重新鼓起勇气面对生活。

问：请你谈谈自身还存在哪些不足和问题？

答：我认为自己的不足还有很多，比如法律知识学习得还不够到位，工作能力还需提高，与人沟通交流还缺乏自信心等。

问：你是否知道安置帮教工作的性质及相关工作内容？

答：知道。

问：你解矫后有何打算？

答：今后我要做一名遵纪守法的好公民，不断增强自己的法制观念及组织纪律性，加强自己的工作能力，力争早日成为一名对社会有用的人。

问：有没有什么困难或问题需要我们协助解决的？

答：暂时没有。

问：你是否还有其他需要说明的问题？

答：没有。

问：你顺利解矫后，希望能做到遵纪守法，顺利平稳地融入社会，有困难、有疑惑及时与安置帮教部门沟通，请求帮助，你是否能做到？

答：能做到。

问：以上回答是否是事实？

答：是事实。

以上笔录我已看过，跟我说的一致。

社区矫正对象签名（指印）张某

2021 年 8 月 20 日

【课堂活动 5 – 3】

请思考并讨论，如何在解矫教育谈话中让社区矫正对象克服"松口气"的思想，充分发挥谈话作用？

【技能训练——实训项目】

案例 5 – 6

王某，男，1983 年 8 月 5 日出生，户籍地、居住地为 L 省 B 县，××公司职员。2021 年 8 月，王某因犯寻衅滋事罪被 B 市 M 区人民法院判处有期徒刑十一个月，缓刑一年。社区矫正期限自 2021 年 8 月 18 日起至 2022 年 8 月 17 日止。2021 年 8 月 18 日，王某到 B 县司法局报到，由执行地 C 司法所负责对其社区矫正期间的日常教育及监督管理。2022 年 8 月 17 日，司法所工作人员与王某进行解矫前教育谈话，并让其进行个人小结，王某在小结中重点回顾了矫正历程，谈到了社区矫正给自己思想、行为带来的变化，表示在今后的生活中要增强法治意识，做一个守法公民。

根据以上案例和所学知识，制作一份王某的《解矫教育谈话笔录》。

任务 2　社区矫正对象学习教育记录表的制作

社区矫正对象学习教育记录表是按照社区矫正管理规定，将社区矫正对象参加学习教育情况进行整理形成的书面文书材料。目前该文书没有统一的格式和模板，各地市社区矫正机构可以制定统一模板记录学习教育情况。下面介绍一种常用的记录表格样式，供读者和实务工作者参考。

任务 2.1　社区矫正对象学习教育记录表的格式

一、文书结构

社区矫正对象学习教育记录表一般属于表格式文书，共分为五个部分。

（一）标题

文书的标题为"社区矫正对象学习教育记录表"。

（二）社区矫正对象基本信息

此部分内容包括姓名、性别、出生年月、矫正类别、罪名等内容。

（三）记录学习相关信息

（1）教育阶段。包含入矫教育、常规教育、解矫教育。根据情况在相应项前面打"√"进行标注。

（2）学习形式。分为集中教育、个别教育。根据具体情况在相应项前面打"√"进行标注。

（3）教育学习组织单位、时间、地点。

（四）记录学习内容和心得体会

此部分由社区矫正对象对所学知识进行概括记录，并撰写学习心得体会。社区矫正对象在教育学习记录表上签字捺印，并记录日期。

（五）评语

教育学习结束后，工作人员应当填写对社区矫正对象开展教育学习的评语，签字并记录日期。

二、制作要求

（1）文书用于记录社区矫正对象集中/个别教育情况，由社区矫正对象填写。对于没有书写能力的社区矫正对象，教育学习内容可由社区矫正机构工作人员在谈话记录中体现。

（2）工作人员应当对学习时间及学习内容进行审核，填写评语并签名。

（3）文书归入司法所或社区矫正中心工作档案。

任务 2.2　社区矫正对象学习教育记录表的撰写

案例 5-7

社区矫正对象余某某，男，1989 年 11 月 2 日出生，户籍地、居住地均为 Y 省 W 自治州 Y 县。2020 年，因危险驾驶罪被宣告缓刑 3 个月。2021 年 4 月 23 日，余某某再次醉酒驾驶被 Y 省 W 市人民法院以危险驾驶罪判处拘役六个月，缓刑一年，并处罚金人民币 5000 元，社区矫正期限自 2021 年 5 月 7 日起至 2022 年 5 月 6 日止。2021 年 5 月 8 日，余某某到 Y 县社区矫正机构办理入矫登记，由执行地受委托的 M 司法所负责对其社区矫正期间日常管理。为切实解决"醉驾"社区矫正对象数量多、矫正期限短、在刑意识淡薄、矫正效果不理想等问题，Y 省社区矫正管理局联合省公安厅交通警察总队开展了危险驾驶和交通肇事社区矫正对象订单式教育矫治试点工作，通过订单方式，针对"醉驾"等特定对象，强化交通安全认识，转变思想观念，形成共同抵制醉驾的良好氛围。2021 年 12 月 1 日上午 9 点至 12 点，Y 县社区矫正机构组织危险驾驶和交通肇事社区矫正对象进行了一次集中教育，教育内容为：由辖区交警采取学习法律法规原文、播放道路交通安全警示教育片、现场案例剖析等方式，对相关矫正对象进行道路交通安全培训。同时司法所要求参加教育学习的矫正对象将抵制酒驾醉驾，教育家人、朋友酒后不能驾车等情况列为日常报告和思想汇报、学习心得的主要内容。

根据以上案例和所学知识，制作《社区矫正对象教育学习记录》。实例如【样表 5 - 4】。

【样表 5 - 4】

社区矫正对象教育学习记录

姓名	余某某	性别	男	出生年月	1989 年 11 月 2 日	矫正类别	缓刑
罪名	危险驾驶罪			教育阶段	☐入矫教育 ☑常规教育 ☐解矫教育		
教育学习组织单位	Y 县社区矫正机构			形式	☑集中教育 ☐个别教育		
时间	2021 年 12 月 1 日 9 时至 12 时			地点	Y 县社区矫正机构集中教育学习室		

学习内容及学习心得体会（内容超出部分可以附件）

学习内容：

    1. 法律法规原文：……

    2. 播放道路交通安全警示教育片：……

    3. 现场案例剖析：……

学习心得体会：

续表

…… …… <div style="text-align: center">社区矫正对象签名（捺印）：余某某 2021 年 12 月 1 日</div>
评语： 　　该矫正对象学习笔记记录全面，学习心得较为深刻，学习过程表现较好。 <div style="text-align: center">工作人员（签名）：×× 2021 年 12 月 1 日</div>

【课堂活动 5 - 4】

请思考并讨论，社区矫正对象不同教育阶段、不同形式的教育学习内容和重点分别是什么？

【技能训练——实训项目】

案例 5 - 8

　　王某，男，1996 年 3 月 12 日出生，户籍地和居住地均为 S 省 S 市 S 区。2021年 5 月，王某因犯诈骗罪被 ×× 市 ×× 区人民法院判处有期徒刑一年，缓刑一年，缓刑考验期自 2021 年 6 月 1 日起至 2022 年 5 月 31 日止。2021 年 6 月 6 日，王某到S 区社区矫正管理局报到，由执行地 C 司法所负责对其实施日常监督管理。为充分彰显社区矫正刑事执行的权威性，帮助社区矫正对象牢固树立身份意识，端正改造态度，提高教育矫正效果，C 司法所组织王某认真学习了《社区矫正法》《社区矫正法实施办法》《S 省社区矫正实施细则》等法律法规，明确告知其矫正期间的权利和义务，重点强调社区矫正对象日常报到、学习教育、请销假制度以及违反社区矫正管理规定的后果，增强王某自觉接受社区矫正的意识。针对王某犯诈骗罪被判处刑罚的情况，社区矫正工作人员详细了解了王某的成长环境。王某家庭和睦，初中毕业后未接触有不良嗜好的朋友，其犯罪的根本原因在于文化水平低，法律意识淡薄。为此，社区矫正工作人员组织王某现场观看了反诈骗警示教育片，上好入矫"普法第一课"，要求其加强对法律知识的学习，思想上重视，行动上规范，以积极的态度接受改造，以顺利回归社会。

根据以上案例和所学知识，制作《社区矫正对象教育学习记录》。

任务3 社区矫正对象帮扶协议书的制作

党的二十大报告指出："治国有常，利民为本。必须坚持在发展中保障和改善民生，鼓励共同奋斗创造美好生活，不断实现人民对美好生活的向往。"对社区矫正对象进行帮扶体现了以民为本的思想。社区矫正对象帮扶协议书是社区矫正机构就社区矫正对象在矫正期间的社会适应性帮扶事宜签订指导性协作意向时使用的文书。根据帮扶主体的不同，主要包括社区矫正监护帮扶协议书、社区矫正志愿者帮扶协议书、安置帮扶协议书。

社区矫正监护帮扶协议书是社区矫正机构或受委托司法所为了加强对社区矫正对象的管理，确保矫正质量，与社区矫正对象及其协助监护帮扶人（单位）签订的协议。协议书主要对社区矫正机构或受委托司法所、社区矫正对象协助监护帮扶人（单位）、社区矫正对象三者的权利与义务进行了规定。

社区矫正志愿者帮扶协议书是社区矫正志愿者自愿与社区、社区矫正对象签订的旨在与矫正对象建立"一帮一"的矫正帮扶关系的协议书。协议书的内容对社区矫正志愿者参与社区矫正的工作内容及社区矫正工作者和社区矫正对象权利与义务进行了规定。

安置帮扶协议书是社区矫正机构或受委托司法所、社区干部、帮扶对象亲属、帮扶对象"四方"共同协商，在自愿互信的原则下，签订的旨在辅助解决刑释解矫人员回归社会后的劳动就业、接受教育等方面问题，为他们重新走上正途提供条件和机会的协议书。协议书主要对受委托司法所、社区干部、帮扶对象亲属、帮扶对象的权利与义务进行了规定。

任务3.1 社区矫正对象帮扶协议书的格式

一、文书结构

社区矫正对象帮扶协议书均由首部、正文、尾部三部分组成。

（一）首部

文书名称即"社区矫正监护帮扶协议书""社区矫正志愿者帮扶协议书""安置帮扶协议书"。

（二）正文

社区矫正对象帮扶协议书正文应当包括下列事项：

（1）签订协议书的目的。简要阐述签订协议书的原因和目的。

（2）各方的权利与义务。详细阐述签订协议的各方的权利与义务。

（三）尾部

协议书尾部由签订协议各方签名（盖章）、捺指印，记录协议签订日期。

二、制作要求

（1）协议必须在平等自愿的基础上签订。

（2）《社区矫正监护帮扶协议书》《社区矫正志愿者帮扶协议书》一式三份，《安置帮扶协议书》一式五份，签订协议的各方各执一份。

（3）协议中涉及的国家秘密、商业秘密、个人隐私等信息，应当予以保密。

任务3.2　社区矫正对象帮扶协议书的撰写

案例 5 – 9

社区矫正对象常某，男，1992 年 7 月出生，2019 年 3 月 28 日，因犯寻衅滋事罪被 Y 县人民法院判处有期徒刑一年，缓刑两年，缓刑考验期自 2019 年 4 月 9 日起至 2021 年 4 月 8 日止。2019 年 4 月 9 日，常某到 Y 县司法局报到接受矫正，执行地 C 司法所负责其日常管理工作。在常某入矫后，C 司法所根据其特长、特点进行教育帮扶，2019 年 4 月 9 日，与常某、常某的协助监护帮扶人魏某签订了《社区矫正监护帮扶协议书》，与社区矫正志愿者陈某签订了《社区矫正志愿者帮扶协议书》。2021 年 4 月 8 日，在常某即将解矫之际，联合社区干部、帮扶对象亲属四方共同协商，签订了《安置帮扶协议书》。

根据以上案例，制作《社区矫正监护帮扶协议书》《社区矫正志愿者帮扶协

议书》《安置帮扶协议书》。实例如【样表 5 -5】、【样表 5 -6】、【样表 5 -7】。

【样表 5 -5】

社区矫正监护帮扶协议书

司法所依据相关法律、法规，于 2019 年 4 月 9 日接收社区矫正对象常某在本社区实施矫正，为了加强对社区矫正对象的管理，确保矫正质量，现与社区矫正对象及其协助监护帮扶人（单位）签订如下协议：

一、司法所

1. 根据社区矫正对象具体情况，制定、实施个案矫正措施；

2. 依据相关法律、法规和各项矫正制度的规定，对矫正对象进行日常管理、监督、考核、评定、定期访谈，随时掌握其现实表现；

3. 协调有关部门对矫正对象进行就业培训、就业指导和落实社会保障等工作。

二、社区矫正对象协助监护帮扶人

1. 协助司法所做好矫正对象的日常管理和教育；

2. 督促矫正对象按时到司法所报到，定期汇报思想表现，参加学习和公益劳动；

3. 及时反映矫正对象情况，发现其有违法苗头和行为，应主动向司法所报告。

三、社区矫正对象

1. 自觉接受司法所的管理，按时报到和汇报思想；

2. 自觉接受社区矫正对象协助监护帮扶人魏某的监护、帮扶；

3. 自觉遵守法律法规。

本协议书一式三份，司法所、社区矫正对象协助监护帮扶人、社区矫正对象各一份。

司法所（公章）：C 司法所

社区矫正对象协助监护帮扶人（签字）：魏某

社区矫正对象（签字）：常某

2019 年 4 月 9 日

【样表 5 - 6】

社区矫正志愿帮扶协议书

　　社区矫正是与监禁矫正相对的行刑方式，是将符合社区矫正条件的罪犯置于社区内，由专门的国家机关在相关社会团体和民间组织以及社会志愿者的帮助下，在判决、裁定或决定确定的期限内，通过思想改造和劳动改造，矫正其犯罪心理和行为恶习，并促使其回归社会的非监禁刑罚执行活动。

　　社区矫正志愿者是社区矫正工作中一支必不可少的辅助力量。

　　一、社区矫正志愿者

　　1. 陈某志愿参与×社区的矫正帮扶工作，与社区矫正对象常某建立"一帮一"的矫正帮扶关系，帮扶时间自 2019 年 4 月 9 日至 2021 年 4 月 8 日。

　　2. 社区矫正志愿者参与社区矫正的主要工作内容：

　　（1）每月保持与社区矫正对象沟通思想、联系情况；

　　（2）参与对社区矫正对象的行政、司法奖惩和矫正期满的评议；

　　（3）针对社区矫正对象的实际问题或突出困难，积极向社区有关部门反映，争取得到帮助；

　　（4）关心社区矫正对象的学习或培训。

　　二、社区矫正工作人员要定期与社区矫正志愿者沟通信息，研究社区矫正工作中的具体问题。

　　三、社区矫正对象要自觉遵守社区矫正的有关规定，积极、主动接受社区矫正志愿者陈某的帮扶。

社区矫正志愿者（签字）：陈某

社区矫正工作人员（签字）：××

社区矫正对象（签字）：常某

2019 年 4 月 9 日

【样表 5-7】

安置帮扶协议书

为贯彻落实党和政府对刑释解矫人员的安置帮扶工作政策，积极辅助刑释解矫人员回归社会后的劳动就业、接受教育等方面问题的解决，为他们重走新生之路提供条件和机会，巩固监狱、社区矫正所改造教育成果，保障社会治安持续稳定和经济健康发展，构建和谐社会。经过基层司法所、社区干部、帮扶对象亲属、帮扶对象"四方"共同协商，在自愿互信的原则下，特签订此帮扶协议书。具体条款如下：

一、司法所应做到：

1. 坚持文明、耐心教育，推动帮扶对象遵纪守法，做一名合格公民。

2. 坚持每季度上门帮扶，并做好记录。

3. 经常了解帮扶对象的情况，及时协同村（居）等相关部分制定具体的帮扶措施。

二、村（居）帮扶人员应做到：

1. 坚持定期或不定期上门帮扶，用政策、法律、情理进行教育引导。

2. 主动了解帮扶对象的家庭情况，尽力协调、辅助解决现实生活困难。

3. 及时了解帮扶对象的思要变更和行为动态，帮其稳定情绪，安心生活。

三、帮扶对象的亲属应做到：

1. 坚持从精神上鼓励其奋发主动，增强其自尊、自爱、自信。

2. 坚持从生活上积极关心和照顾，尽力辅助克服困难。

3. 当发现其产生邪念，应及时规劝，全力制止其违法行为的发生和发展，并及时上报社区。

四、帮扶对象应做到：

1. 自强自立、仔细工作、依法经营、勤奋致富。

2. 仔细学习党的政策、法律和法规，依法维护自己的权利，做一名遵纪守法的好公民。

3. 虚心接受帮扶小组成员的教育，可以主动向帮扶人员反映自己的真实想法。

4. 不参加有害社会的各种帮派、团伙，积极举报他人的不法行为。

　　五、本协议一式五份，基层司法所、村（居）委会、帮扶对象亲属和帮扶对象各一份，报乡镇安置帮扶工作站一份。

司法所所长：（签字）

帮扶对象亲属：（签字）

村（居）委会：（签字）

帮扶对象：常某（签字）

2021 年 4 月 7 日

【课堂活动 5 - 5】

　　请思考并讨论，《社区矫正监护帮扶协议书》《社区矫正志愿者帮扶协议书》《安置帮扶协议书》三者之间有什么区别？

【思考题】

　　1. 社区矫正对象教育谈话工作文书种类有哪些？这些文书在内容上有什么区别？

　　2. 社区矫正对象的帮扶协议书有哪些种类？各协议书的侧重点分别是什么？

拓展 学习

珠海市社区矫正工作中教育矫正手段的改革[1]

　　在珠海，由市司法局社区矫正科统一管理 7 个区、24 个司法所的社区矫正工作，其中金湾区、香洲区和斗门区设立执行社区矫正机构，由国家工作人员和社会工作者组成专业队伍执行社区矫正。同时，全市 7 个区皆实现社区矫正中心平台覆盖，及时落实了广东省司法厅和珠海市司法局对社区矫正机构工作的规划。

一、教育矫正手段存在的问题

　　从珠海市的基层社区矫正工作来看，教育矫正层面与顶层设计理念欲实

---

　　〔1〕 节选自：社区矫正工作研究课题组："珠海市社区矫正工作中教育矫正手段的改革与实施研究"，载《犯罪与改造研究》2021 年第 12 期。

现同频共振，必绕不开基层普遍存在的实际问题，经调研分析，这些问题已对"目标—手段—评估"结构形成了系统性障碍，具体表现为：

（一）教育矫正的目标设置脱离矫正主体

教育矫正工作按流程可划分为教育目标设置、教育目标落实以及教育成效评估。教育目标的设置是教育矫正的开端，珠海市教育矫正工作在此处存在的最大问题是设置目标与矫正对象真实症结、需求的错位与缺位。

1. 缺乏对矫正对象犯罪认知的剖析。目前各司法所接管的矫正对象中，有部分矫正对象面对社区矫正工作时存在明显的不认罪、不悔罪情绪。此外，受教育背景等因素的影响，大多数矫正对象对于罪行的法律认识模糊，因违法成本不同，成本低的人便可能持续违法。尤其是某些文化水平不高的人，不明白社区矫正的性质，以为没有进监狱就等同于没事，不明自身罪犯身份。

从矫正对象身上反映出来的不认罪、不服管、不知罪的情况，究其根源是矫正对象在"知"的层面出现了偏差。现实中，矫正对象的犯罪认知大致可分为两个层面：一是行为层面的犯罪认知，即是否认罪、是否具有悔罪意识；二是法律层面的犯罪认知，即是否清楚自己犯何罪、法治观念是否到位。

面对矫正对象缺乏悔罪意识的情况，实践中有所忽略，尚没有具体的应对措施；面对矫正对象缺乏法治观念的情况，实践中只是开展关于法治的集中教育课程。且问卷调查显示，工作人员对于矫正对象犯罪成因不甚了解。可见，目前围绕矫正对象犯罪认知改造而设置的教育目标，尚未触及改造罪犯认知的更深层面。

2. 忽视与矫正对象心理状态的联系。在珠海市教育矫正工作中，会为矫正对象安排心理矫治活动。某司法所所长介绍，矫正对象一般不主动申请心理辅导，并对心理辅导持抗拒态度，一般的矫正对象都会认为，有病的人才应该与心理咨询师交谈。

目前珠海市社区矫正领域的心理测评并未普及，多数司法所的矫正对象仅是入矫与解矫时各进行一次心理测评，且问卷结果显示，当前珠海市只有4.88%的社区矫正专干具备心理专业背景，极易忽略表征不明显的矫正对象的心理问题。由此，现阶段心理矫治的情况可归纳为：工作中既将其设置为教育矫正目标，但在实际适用中又偏离了心理矫治的初衷。

3. 欠缺对不同年龄矫正对象人生和价值观念的捕捉。珠海市的未成年矫正对象会被分流至独立的教育矫正程序，改造未成年矫正对象的人生和价值观念往往会成为工作人员的矫正目标，并为此辅之帮扶、指导等手段。但通过调研发现，实践中除了未成年矫正对象外，其他年龄阶段的矫正对象也可能存在不同形态的人生观念与价值观念错位。在实践中尚未出现成型的处理方案，不同年龄阶段社区矫正对象的人生观念与价值观念改造方面的教育目标设置存在疏漏。

（二）教育矫正手段单一化影响因人施教

1. 集中教学模式无法适用于不同情况和需求。在改造犯罪认知方面，"增强矫正对象的法治观念"是一项重要的教育矫正目标，主要手段为集中教育。

在问卷调查中，关于目前珠海市社区矫正教育存在的问题，有41%的受调查工作人员选择了"集中教育成效一般"，其中46%认为集中教育课程门类单一，49%认为授课队伍缺乏专业性，73%认为授课方式枯燥。

现有的集中教育一般为传统的大课式教学，通过调研矫正对象的集中教育课程，发现大多数矫正对象神情游离、昏昏欲睡，难以参与课堂教学。对此，工作人员称，向矫正对象讲授法律的本意是希望其守法，但很多情况下矫正对象在课堂上捕捉到的信息与工作人员想要传达的信息并不一致；部分顽固的矫正对象长期抱有侥幸心理，明知是犯法行为但偏要实施，法治教育对其影响甚微。可见，现阶段针对不同情况与不同需求的矫正对象，采取的却是相同的法治观念教育活动，这些活动未能较好达成增强矫正对象法治观念的教育矫正目标。

2. 心理矫治力量薄弱，难对教育形成有效干预。在改造矫正对象不良心理状态这一教育矫正目标的实现上，珠海市的普遍做法是配套实施心理矫治。

关于心理服务的资源配置，一般由市司法局与心理机构签约进行服务购买，签约年限多为1年，与多数矫正期限并不匹配。某区司法局心理老师反馈，1年的签约时间过短，难以持续追踪矫正对象心理状态。这不仅导致专业机构对社区矫正的重视程度弱，还使得矫正对象的矫正长期性与机构外派的心理老师的暂时性形成冲突。这些都是实践中心理矫治效果低于预期的直接原因。

其实不只是以心理老师为代表的专业力量会影响心理矫治成效，不少工作人员称，改造的工作性质要求他们要随时具备一种包括对突发情形和特殊的性格、情绪、矛盾等的敏感性，并形成一套较为成熟且有针对性的工作方法，但这种敏感性多凭借工作经验积累而成，目前无法要求所有人员都具备此特质。因此，现阶段心理矫治成效难免受到专业力量支持程度弱、工作人员经验参差不齐等因素的影响。

3. 社会力量因整合难导致其参与的低效与无序。针对帮助社区矫正对象改造错位的人生观与价值观这一教育矫正目标，珠海市多采用与社会力量相结合的方式来实施点对点帮助。根据不同矫正对象的情况，相应介入的社会力量也不同，在应然状态下，社会力量的参与主体需增加广度和深度。

关于珠海市 24 个司法所在工作实际中的社会力量参与情况，调查结果如下：63%的调查对象认为在日常生活中只有少数人知道社区矫正，17%的调查对象选择了所有人都不知道社区矫正；75.61%的调查对象认为社会力量参与困难的原因为大多数社会成员对社区矫正工作缺乏了解。工作人员在访谈中表示，所在的镇街根本谈不上社会力量的参与，只有司法所在监管。谈及志愿者队伍、企事业单位与司法所对接就业的进展以及社会组织、公益组织的参与情况时，工作人员称这方面仍需加强。总体来看，社会力量的参与对改造错位人生观念与价值观念有所助益，但现阶段社会力量依然难以充分参与，这也使得与达成相应目标之间存在距离。

（三）教育矫正成效的考核标准仍属真空

对教育矫正目标落实情况进行考核，是整个教育矫正工作的最后环节。现阶段的考核标准主要用以考察矫正对象是否出勤相关矫正活动，无法评价活动实施后的实际效果。

在针对矫正对象自我改造的考核上，珠海市规定矫正对象每月需上交 2 份思想汇报，以某司法所调取的 40 份思想报告为样本进行查重检验，结果显示，其重复率皆在 50%以上，重复率区间在 90%～100%的便有 12 篇。可见，抽取的思想汇报普遍存在着网上抄袭、内容反复、态度应付等问题。显然，现有的考核方式只是对教育活动是否举行，矫正对象是否参与，矫正对象既定任务是否打卡的一种考评，无法评估教育本身的成效。

二、教育矫正手段改革的举措与实施

从主体地位出发，社区矫正对象的个性特征是贯彻教育矫正所有环节的核心要素。在教育矫正工作中，理应以对矫正对象的需求评估为起点，围绕需求确定教育目标，紧密结合教育目标来有针对性地安排不同的法律教育课程、提供多元的社会力量、进行恰当的心理矫正等，使各类资源精细有效地匹配至矫正对象，最后通过改进现有手段以及引入先进评估手段，促进成效评估动态化进行，并使个案经验得到有效总结与循环利用。

（一）多角度、多手段进行矫正对象需求评估

需求评估是个性化教育矫正机制的起点，其本质在于认识问题，即认识期望与实际之间的差距。具体到社区矫正的程序中，本文强调要将审前调查、心理测评等工作落到实处。

珠海市常规的审前调查表中规定的调查项目主要包括被调查者基本情况、一贯表现、家庭成员情况与家庭基本经济情况，但为了更好地收集、整理与分析矫正对象的客观信息，应当重视工作过程中遇到但未被列入调查表内的其他信息，这能提取到矫正对象更为显著的个体特征。个性特征的发现对下一步矫正手段的实施人有助益，改革中止尝试将这些特征提炼为具体的审前调查项目。

除审前调查外，心理测评也是深入了解矫正对象的重要途径。改革中秉持对个体性格的重视，在现有条件下利用好入矫和解矫的心理测评，引入心理行为认知（WXRX）量表和SCL-90量表。这些量表使用260项测量指标，在正式进行干预前准确测评出矫正对象在情绪易变、焦虑、抑郁、精神异常症状、偏执等方面存在的问题，并有针对性地开展课程教育。被抽取出来进行试验的25名矫正对象在完成干预后再次进行测评，结果显示：在心理症状上，矫正对象的心理适应性有了小幅提升；在行为模式上，矫正对象贪财、暴力、非法举动、自害行为等倾向均有了大幅降低。总体而言，通过心理测评准确认识矫正对象的心理状态，对后续心理矫治开展与否、开展内容、时长与频率等安排起到指引作用。

综上，高质量的需求评估体系是个性化教育矫正目标设置的基础，矫正

对象能否知罪悔罪，是否需要改造其犯罪认知、提高其心理健康水平、考虑重塑其人生观和价值观；矫正对象的人格类型、爱好、阅历、危险性如何等诸多问题便有了抓手。

（二）围绕矫正对象设计针对性教育矫正措施

现有的教育矫正措施不外乎集中教育、心理矫治、个别谈话等，但社区矫正的终极目标是修复矫正对象曾经破裂的社会关系，使其重新回归社会。所以，笔者主张要整合多方力量，有针对性地实施措施。一旦着力点找对，教育矫正手段的选择与配置都会相应变得有的放矢。若设计得当，即便是极易忽视矫正对象个性的"集中教育"，亦能有针对性。以某区为例，该区自转变了教育矫正思路后，对原有的集中教育进行改良。在课程开始前，由心理授课老师对矫正对象进行简易调研，某次调研后选定的课程主题为"幸福是奋斗出来的"。该课程一改往常"老师说，矫正对象听"的模式，而是让矫正对象轮流上台分享其对幸福的认识，矫正对象踊跃发言。有的矫正对象通过演讲释放心理压力，有的则在人群中找到自我认同感，更甚者则自觉反思，表示愿意悔改。虽然参与课程的矫正对象个体情况不一，但几乎都有所收获，其根本原因在于该课程始终以矫正对象为主体开展。课程主题由矫正对象选择，课程环节围绕矫正对象，甚至内容的主要部分也交由矫正对象完成。

事实上，个性化教育矫正措施形式是丰富的，只要手段的选择和配置能与矫正对象的需求和目标紧密关联，教育矫正前后环节的衔接必然顺畅。但此针对性的实现势必要求多元力量的参与，因此，必须要继续开掘各类主体参与的广度和深度，倡导具有专业资质的不同类型的社工和社会组织积极参与教育矫正。

（三）根据矫正实施情况及时作出评价与调整

为了落实教育矫正目标的考核与评价，实践中引入了与恢复性司法理念紧密相连的重要工作模式——循证矫正，以使恢复性司法符合科学和系统的要求。笔者认为考核与评价应具有动态性，即根据每次的考察与反馈，及时作出变化与调整，使"供—需"有机耦合，矫正效果才具正面叠加效应。

因此，动态调整是个性化教育矫正机制中能动性的重要体现，即强调根据实际情况对此前的目标与手段进行必要的评价与重新调整。实践表明，动态调整对提升矫正成效十分有利。

在能够进行正常社会生活的前提下，矫正对象的状态都在个体因素和外部介入因素的影响中不断发生变化，因而需要及时澄清与调适，如本节开头所述，以矫正目标制定为起点的整个系统化过程，才是个性化教育矫正的内涵。

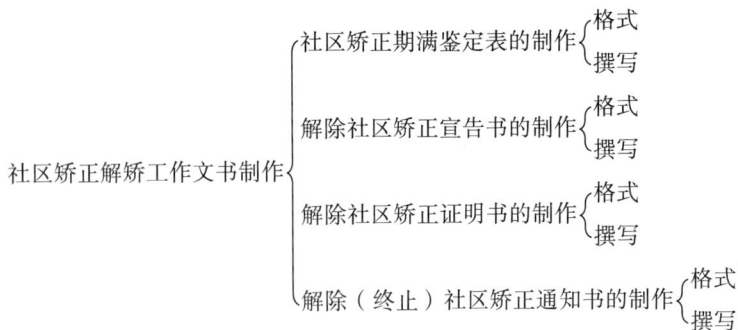

項目六

社区矫正解矫工作文书制作

学习目标

知识目标：掌握社区矫正解矫工作各类法律文书的适用情形、具体格式和制作要求；

能力目标：具备制作社区矫正期满鉴定表、解除社区矫正宣告书、解除社区矫正证明书、解除（终止）社区矫正通知书等法律文书的基本能力；

素质目标：培养学生较强的职业、社会责任感，规范执法的法治意识，具备履职尽责、认真严谨的职业态度。

知识树

社区矫正解矫工作文书制作 {
　社区矫正期满鉴定表的制作 { 格式 / 撰写 }
　解除社区矫正宣告书的制作 { 格式 / 撰写 }
　解除社区矫正证明书的制作 { 格式 / 撰写 }
　解除（终止）社区矫正通知书的制作 { 格式 / 撰写 }
}

案例 6 - 1[1]

【社区矫正对象基本情况】

张某，男，1962 年 2 月出生，户籍地和居住地均为 S 省 L 市 A 县。2020 年 11 月，因犯危险驾驶罪被 A 县人民法院判处拘役一个月，缓刑二个月，并处罚金人民币 2000 元，缓刑考验期自 2020 年 11 月 24 日起至 2021 年 1 月 23 日止。2020 年 11 月 24 日，张某到 A 县 S 司法局报到，社区矫正工作人员为其办理了接收手续，并将其相关信息录入 S 省社区矫正一体化平台，由执行地司法所对其进行日常监督管理。

【对社区矫正对象依法解除和终止社区矫正的情况】

（一）组织解除社区矫正宣告准备情况

社区矫正对象张某矫正期限即将届满，未出现《刑法》第 77 条规定的情形。执行地司法所根据其在接受社区矫正期间的表现、考核结果、社区意见等情况作出书面鉴定，并对其安置帮教提出建议。司法所工作人员告知张某作出个人总结，于 2021 年 1 月 23 日到 A 县司法局参加解矫宣告。

2021 年 1 月 10 日，张某通过电话向工作人员汇报，由于近期其妻子带孩子回娘家探亲，自己双目受伤，视力急剧下降，一人无法前往 A 县司法局参加宣告。司法所了解核实情况后，立即向县司法局汇报情况。A 县司法局积极发挥县社区矫正委员会办公室职能作用，与县检察院、公安机关联系沟通，决定为张某在家中举行一场"特殊"的解矫宣告仪式。

（二）解除社区矫正宣告情况

2021 年 1 月 23 日，A 县司法局、县人民检察院、辖区派出所、执行地司法所、村委会相关负责人和工作人员来到张某家中，对张某进行解除社区矫正宣告。宣告仪式由司法所所长主持，共四项议程。第一项，由司法所所长宣布参加解除矫正宣告仪式的人员。第二项，张某汇报其在社区矫正期间思想、学习、生活以及接受社区矫正监督管理等情况。第三项，司法所所长对

---

　　[1]　"社区矫正解除和终止案例——山西省临汾市安泽县对缓刑期满社区矫正对象张某依法解除矫正案例"，中国法律服务网司法行政（法律服务）案例库，http://alk. 12348. gov. cn/Detail？dbID = 83&dbName = SJJCZZ&sysID = 292，最后访问时间：2022 年 10 月 10 日。

张某在社区矫正期间遵纪守法、服从监督管理、接受教育矫正等方面的表现进行综合评定，并宣读《解除社区矫正宣告书》，宣告张某缓刑考验期满，原判刑罚不再执行。第四项，A 县司法局主管负责人宣读并发放《解除社区矫正证明书》。

（三）落实解除社区矫正谈话情况

宣告结束后，司法所所长与张某进行了谈话，希望其以后要牢固树立遵纪守法意识，筑牢抵制违法犯罪的思想防线，杜绝麻痹大意和侥幸心理，同时也要放下思想包袱，保重身体，好好治疗，争取早日康复。张某表示自己一定会深刻汲取教训，心存敬畏，严守法律底线，做遵纪守法的合格公民，并感谢社区矫正工作人员的辛苦付出，帮助自己渡过了难关，让自己"重获新生"。

（四）解除矫正相关文书送达情况

根据《社区矫正法》第 44 条、第 45 条以及《社区矫正法实施办法》第 53 条、第 54 条规定，A 县司法局制作了解除社区矫正宣告书、向张某发放解除社区矫正证明书，制作了解除社区矫正通知书并送达 A 县人民法院，抄送 A 县人民检察院和 A 县公安局。

（五）解除社区矫正转入安置帮教情况

张某解除社区矫正的当天，司法所工作人员为张某建立了安置帮教档案，将张某档案信息转入安置帮教系统，司法所工作人员协同村委会对其进行精准帮扶，保证社区矫正与安置帮教无缝衔接。

【案例注解】

《刑法》第 76 条规定，对宣告缓刑的犯罪分子，在缓刑考验期限内，依法实行社区矫正，如果没有《刑法》第 77 条规定的情形，缓刑考验期满，原判的刑罚就不再执行，并公开予以宣告。《社区矫正法》第 44 条规定，社区矫正对象矫正期满或者被赦免的，社区矫正机构应当向社区矫正对象发放解除社区矫正证明书，并通知社区矫正决定机关、所在地的人民检察院、公安机关。A 县司法局根据社区矫正对象身体特殊情况，在社区矫正对象家中对其进行解除矫正宣告，维护了法律的严肃性，充分彰显了宽严相济刑事政策和刚柔相济治理原则，收到了良好的社会效果和法律效果。

党的二十大报告指出，"全面依法治国是国家治理的一场深刻革命，关系党执政兴国，关系人民幸福安康，关系党和国家长治久安。必须更好发挥法治固根本、稳预期、利长远的保障作用，在法治轨道上全面建设社会主义现代化国家。"二十大报告对"中国式现代化"的本质特征作了全方位阐释，并将"基本实现国家治理体系和治理能力现代化"纳入第二个百年奋斗目标。而刑事法治现代化是国家治理现代化在刑事法律领域的具体体现，推进中国式刑事法治现代化建设是提升国家治理体系和治理能力现代化水平的关键环节。我们要立足社区矫正工作职能，不断提高社区矫正工作专业化、规范化、法治化、信息化水平，夯实社会稳定和长治久安的根基。

社区矫正是一种非监禁刑事执行制度，解除和终止是社区矫正工作的一个重要环节，也是一项非常严肃的法律活动。解除和终止程序应严格按照我国法律法规来执行，具有相应的强制性。建立健全社区矫正解除和终止制度对保障社区矫正对象的人权，确保社会稳定和维护法律尊严都具有重要意义。

任务1　社区矫正期满鉴定表的制作

社区矫正期满鉴定表是执行地县级社区矫正机构根据矫正对象在接受社区矫正期间的表现等情况作出书面鉴定的表格式执法文书。根据《社区矫正法实施办法》第53条规定，社区矫正对象矫正期限届满，且在社区矫正期间没有应当撤销缓刑、撤销假释或者暂予监外执行收监执行情形的，社区矫正机构依法办理解除矫正手续。社区矫正对象一般应当在社区矫正期满30日前，作出个人总结，执行地县级社区矫正机构应当根据其在接受社区矫正期间的表现等情况作出书面鉴定，与安置帮教工作部门做好衔接工作。因此，社区矫正机构应当充分征求受委托司法所以及矫正小组成员的意见，根据社区矫正监督管理和教育帮扶工作情况，结合社区矫正对象的个人总结，综合分析作出具体鉴定意见。本文书根据《社区矫正法》第 44 条以及《社区矫正法实施办法》第 53 条的规定制作。

任务1.1　社区矫正期满鉴定表的格式

一、文书格式

社区矫正期满鉴定表由首部、正文、尾部三部分组成，参见【样表 6-1】。

（一）首部

首部即该文书标题"社区矫正期满鉴定表"。

（二）正文

正文主要由两部分组成，如下：

1. 社区矫正对象基本信息

在表内依次填写姓名、性别、出生年月、户籍地、执行地、罪名、原判刑期、矫正类别、矫正期限、禁止令和禁止期限以及附加刑判项等内容。

2. 社区矫正机构鉴定意见

社区矫正机构根据社区矫正对象矫正期间表现、考核结果、矫正小组意见等提出鉴定意见，鉴定意见一般包括社区矫正对象认罪悔罪情况、遵守法律法规及监督管理规定情况、参加教育学习和公益劳动等情况、违法违纪和受社区矫正奖惩等情况，另外，可以针对社区矫正对象的具体情况提出安置帮教建议。同时，标明文书制作单位（公章）、文书制作日期。

（三）尾部

备注栏没有明确的填写要求，可以列明佐证材料名称和页码。

二、制作要求

（1）社区矫正期满鉴定表作出后应存入档案。

（2）如受委托的司法所或者社区矫正中队需要对社区矫正对象矫正期间表现作出说明并提出意见建议的，可在鉴定意见前增设一栏，如"受委托的司法所意见"栏。

【样表 6 – 1】

<h2 style="text-align:center">社区矫正期满鉴定表</h2>

姓名		性别		出生年月	
户籍地		执行地			
罪名		原判刑期			
矫正类别		矫正期限		起止日	自　年　月　日 至　年　月　日
禁止令内容		禁止期限 起止日		自　年　月　日 至　年　月　日	
附加刑判项 内容					
社区矫正 机构鉴定 意见				（公章） 年　月　日	
备注					

【课堂活动 6 – 1】

　　请思考并讨论，若社区矫正对象被刑事拘留或逮捕期间矫正期满，是否应解除社区矫正呢？并说明理由。

任务 1.2　社区矫正期满鉴定表的撰写

案例 6 – 2

　　李某，女，1963 年 3 月出生，户籍地、居住地均为 H 省 L 县。2020 年 12 月 18 日，李某因犯销售有害食品罪被 L 县人民法院（2020）××刑初××号判决书判处有期徒刑八个月，缓刑一年，并处罚金人民币 2000 元，同时禁止李某在考验期内从事食品生产、销售及相关活动，缓刑考验期间自 2020 年 12 月 31 日起至 2021 年 12 月 30 日止。2021 年 1 月 4 日，李某到执行地受委托的司法所报到并接受社区矫正。李某属于年龄偏大的社区矫正对象，且长期高血压。入矫之初，李某心理压力较大，情绪低落，经常到医院进行降压治疗。在社区矫正期间，受委托司法所工作人员经常利用集中教育、家庭走访、公益活动等机会与其谈心谈话，疏通其思想情绪；在平时教育学习中，除安排学习法律法规，还专门组织其学习人民法院禁止令等相关内容。李某的思想逐渐有了一些转变，从内心深处认识到了自己的错误，同时能积极接受社区矫正监督管理，主动参加一些公益活动。

在社区矫正期间，李某能够按时参加社区矫正机构组织的学习教育活动，认真做好学习笔记，严格遵守各项监管规定。解除矫正前 1 个月，李某对矫正期间遵守社区矫正规定及执行禁止令情况作出个人总结，同时对社区矫正工作人员的教育帮助表示感谢，承诺今后一定做一名守法公民。

请以【案例 6 - 2】为材料，制作对李某的《社区矫正期满鉴定表》，实例如【样表 6 - 2】：

【样表 6 - 2】

社区矫正期满鉴定表

姓名	李某	性别	女	出生年月	1963 年 3 月
户籍地	H 省 L 县	执行地	H 省 L 县		
罪名	销售有害食品罪	原判刑期	有期徒刑八个月		
矫正类别	缓刑	矫正期限	一年	起止日	自 2020 年 12 月 31 日 至 2021 年 12 月 30 日
禁止令内容	禁止从事食品生产、销售及相关活动	禁止期限起止日	自 2020 年 12 月 31 日 至 2021 年 12 月 30 日		

续表

附加刑判项 内容	罚金人民币 2000 元
社区矫正机 构鉴定意见	在社区矫正期间，李某能够悔过自新，努力接受教育改造，按时参加社区矫正机构组织的学习教育活动，认真做好学习笔记，服从监督管理，严格遵守各项监管规定，未发生任何违法违纪行为。现矫正期限届满，根据司法所和矫正小组成员意见，经综合鉴定，其考核评定为良好等次，并转入安置帮教。 　　　　　　　　　　　　　　L 县社区矫正机构（公章） 　　　　　　　　　　　　　　　　2021 年 12 月 15 日
备注	

任务 2　解除社区矫正宣告书的制作

解除社区矫正宣告书是社区矫正机构在矫正期限届满宣告时，向矫正对象宣布并告知解除社区矫正的结果及鉴定意见时使用的填写式法律文书。本文书根据《刑法》第 40 条、第 76 条、第 85 条，《社区矫正法》第 44 条以及《社区矫正法实施办法》第 54 条的规定制作。

任务 2.1　解除社区矫正宣告书的格式

一、文书格式

解除社区矫正宣告书由首部、正文、尾部三部分组成，参见【样表 6-3】。

（一）首部

首部即该文书标题"解除社区矫正宣告书"。

（二）正文

正文主要由两部分组成，如下：

1. 社区矫正对象的判决信息

按照社区矫正对象的判决书、裁定书、决定书、执行通知书等法律文书的内容相应填写。

2. 宣告事项

一是对社区矫正对象的鉴定意见。此部分应与《社区矫正期满鉴定表》的鉴定内容相同。二是矫正期限届满，依法解除社区矫正。对判处管制的，填写管制期满，解除管制；对宣告缓刑的，填写缓刑考验期满，原判刑罚不再执行；对假释的，填写考验期满，原判刑罚执行完毕。

（三）尾部

尾部由社区矫正机构盖章，标明制作日期，并由社区矫正对象签名、捺指印予以确认。

二、制作要求

（1）文书由执行地县级社区矫正机构存档。

（2）文书中的日期应为宣告当天日期，即解除社区矫正当日。

（3）对未成年社区矫正对象进行解除宣告的，应不公开进行。社区矫正对象因身体原因不能到场参加宣告的，社区矫正机构应组织人员到矫正对象所在地进行宣告。

【样表 6-3】

解除社区矫正宣告书

社区矫正对象_____：

依据《中华人民共和国刑法》《中华人民共和国刑事诉讼法》及《中华人民共和国社区矫正法》之规定，依据_____人民法院（公安局、监狱管理局）_____号判决书（裁定书、决定书），在管制（缓刑、假释、暂予监外执行）期间，对你依法实行社区矫正。矫正期限自____年__月__日起至____年__月__日止。现矫正期满，依法解除社区矫正。现向你宣告以下事项：

1. 对你接受社区矫正期间表现的鉴定意见：_____

_____

_____。

　　2. 管制期满，依法解除管制（缓刑考验期满，原判刑罚不再执行；假释考验期满，原判刑罚执行完毕）。

（公章）
年　月　日
社区矫正对象（签名）：

【课堂活动 6－2】

　　某市一名已经被解矫的社区矫正对象，原执行通知书执行期间比判决书少写了 1 个月，致使社区矫正对象提前 1 个月解矫。请思考并讨论，当社区矫正对象的矫正期满且已完成解矫宣告，若发现执行通知书日期填写错误，社区矫正机构应如何处理？

任务 2.2　解除社区矫正宣告书的撰写

　　请以【案例 6－2】为材料，制作对李某的《解除社区矫正宣告书》，实例如【样表 6－4】：

【样表 6－4】

解除社区矫正宣告书

社区矫正对象　<u>李某</u>　：

　　依据《中华人民共和国刑法》《中华人民共和国刑事诉讼法》及《中华人民共和国社区矫正法》之规定，依据<u>L 县人民法院(2020) ××刑初××</u>号判决书，在缓刑期间，对你依法实行社区矫正。矫正期限自 <u>2020</u> 年 <u>12</u> 月 <u>31</u> 日起至 <u>2021</u> 年 <u>12</u> 月 <u>30</u> 日止。现矫正期满，依法解除社区矫正。现向你宣告以下事项：

　　1. 对你接受社区矫正期间表现的鉴定意见：<u>在社区矫正期间，李某能够悔过自新，努力接受教育改造，按时参加社区矫正机构组织的学习教育活动，认真做好学习笔记，</u>

服从监督管理，严格遵守各项监管规定，未发生任何违法违纪行为。现矫正届满，根据司法所和矫正小组成员意见，经综合鉴定，其考核评定为良好等次，并转入安置帮教。

2. 缓刑考验期满，原判刑罚不再执行。

L 县社区矫正机构（公章）

2021 年 12 月 30 日

社区矫正对象（签名）：李某

任务3　解除社区矫正证明书的制作

解除社区矫正证明书是社区矫正机构向社区矫正对象发放的证明其被依法解除矫正的法律文书。本文书根据《社区矫正法》第 44 条以及《社区矫正法实施办法》第 53 条的规定制作，属于填写式执法文书。

任务3.1　解除社区矫正证明书的格式

一、文书格式

解除社区矫正证明书一式两联，由存根、正本组成。存根用于存档，正本在解除社区矫正宣告后发放给社区矫正对象。本文书基本为固定模板，主要由首部、正文、尾部三部分组成，参见【样表 6 - 5】。

（一）首部

首部由文书标题和字号组成。标题为"解除社区矫正证明书"，字号由年度、社区矫正机构代字、类型代字、文书编号组成，使用阿拉伯数字，例"（2022）××矫解证字第 1 号"。

（二）正文

在模板空白处依次填写社区矫正对象姓名、性别、出生年月、民族、身份证号码、居住地和户籍地等基本信息以及罪名、判决日期、机关及内容、社区矫正类型和社区矫正所依据的裁判文书情况、社区矫正期满日期等判决信息。

（三）尾部

尾部由社区矫正机构盖章并标明制作日期，制作日期为解矫当日日期。

二、制作要求

（1）证明书一式两份，一份存档，一份在解除社区矫正宣告后发放给社区矫正对象。

（2）存根和证明书应加盖骑缝章。

【样表 6－5】

解除社区矫正证明书

（存根）

（　　）　字第　　号

社区矫正对象_____，男（女），____年__月__日出生，_____族，身份证号码_____，居住地_____，户籍地_____。因犯_____罪于_____年__月__日被_____人民法院判处_____。依据_____人民法院（公安局、监狱管理局）_____号判决书（裁定书、决定书），在管制（缓刑、假释、暂予监外执行）期间，依法实行社区矫正。于____年__月__日矫正期满，依法解除社区矫正。

（公章）

年　月　日

解除社区矫正证明书

（　　）　字第　　号

社区矫正对象_____，男（女），____年__月__日出生，_____族，身份证号码_____，居住地_____，户籍地_____。因犯_____罪于_____年__月__日被_____人民法院判处_____。依据_____人民法院（公安局、监狱管理局）_____号判决书（裁定书、决定书），在管制（缓刑、假释、暂予监外执行）期间，依法实行社区矫正。于____年__月__日矫正期满，依法解除社区矫正。

特此证明。

（公章）

年　月　日

【课堂活动6-3】

请思考并讨论，若社区矫正解矫日期当天是法定假日，解矫日期可以顺延吗？社区矫正机构应如何处理？

任务3.2　解除社区矫正证明书的撰写

请以【案例6-2】为材料，制作对李某的《解除社区矫正证明书》，实例如【样表6-6】：

【样表6-6】

解除社区矫正证明书

（存根）

（2021）L矫解证字第××号

社区矫正对象<u>李某</u>，女，<u>1963</u>年<u>3</u>月<u>1</u>日出生，汉族，身份证号码×××××××<u>××××××××××</u>，居住地<u>H省L县</u>，户籍地<u>H省L县</u>。因犯<u>销售有害食品罪</u>于<u>2020</u>年<u>12</u>月<u>18</u>日被L县人民法院判处<u>有期徒刑八个月，缓刑一年，并处罚金人民币2000元</u>。依据L县人民法院<u>(2020)××刑初××</u>号判决书，在缓刑期间，依法实行社区矫正。于<u>2021</u>年<u>12</u>月<u>30</u>日矫正期满，依法解除社区矫正。

L县社区矫正机构（公章）

2021年12月30日

解除社区矫正证明书

（2021）L矫解证字第××号

社区矫正对象<u>李某</u>，女，<u>1963</u>年<u>3</u>月<u>1</u>日出生，<u>汉族</u>，身份证号码×××××<u>××××××××××</u>，居住地<u>H省L县</u>，户籍地<u>H省L县</u>。因犯<u>销售有害食品罪</u>于

2020 年 12 月 18 日被L县人民法院判处有期徒刑八个月，缓刑一年，并处罚金人民币 2000 元。依据L 县人民法院(2020) ××刑初××号判决书，在缓刑期间，依法实行社区矫正。于 2021 年 12 月 30 日矫正期满，依法解除社区矫正。

特此证明。

L 县社区矫正机构（公章）

2021 年 12 月 30 日

任务4　解除（终止）社区矫正通知书的制作

解除（终止）社区矫正通知书是社区矫正机构将社区矫正对象的解矫（终止）情况通知社区矫正决定机关、监督机关等单位的法律文书。解除社区矫正通知书用于社区矫正对象矫正期限届满或者被赦免的情形。终止社区矫正通知书用于社区矫正对象被裁定撤销缓刑、假释，被决定收监执行，或者社区矫正对象死亡的情形。本文书根据《社区矫正法》第44 条、第45 条以及《社区矫正法实施办法》第 53 条的规定制作，属于填写式执法文书。

任务4.1　解除（终止）社区矫正通知书的格式

一、文书格式

解除（终止）社区矫正通知书一式两联，由存根、正本组成。存根用于存档，正本在社区矫正对象被解除或终止社区矫正后，送达给社区矫正决定机关，所在地人民检察院、公安机关。本文书基本为固定模板，存根联和正本联的格式如下，参见【样表6-7】。

（一）存根联的文书格式

1. 首部

首部由文书标题和字号组成。标题为"解除（终止）社区矫正通知书"，字号由年度、社区矫正机构代字、类型代字、文书编号组成，使用阿拉伯数字，例"（2022）××矫解/终通字第1号"。

2. 正文

在模板空白处依次填写社区矫正对象姓名、性别、出生年月、民族、身份证号码、居住地和户籍地等基本信息以及罪名、判决日期、机关及内容、社区矫正类型和社区矫正所依据的裁判文书情况、社区矫正起止日期以及期满日期等判决信息，矫正终止的，写明社区矫正终止的原因；同时写明通知送达地即通知书的发往机关。

3. 尾部

尾部标明填发人、批准人和填发日期。填发人为执行地县级社区矫正机构工作人员，批准人为执行地县级社区矫正机构的主管领导，填发日期为社区矫正对象解矫日期。

（二）正本联的文书格式

1. 首部

首部内容与存根联相同。

2. 正文

正文抬头是通知书的送达机关即社区矫正决定机关，如人民法院、公安局、监狱管理局，其他内容与存根联相同。

3. 尾部

由执行地县级社区矫正机构在指定位置加盖公章，并标明制作日期。同时抄送执行地县级人民检察院和公安机关各一份。

二、制作要求

（1）解除社区矫正通知书一式四份，一份存档，一份送决定社区矫正的人民法院（公安局、监狱管理局）、同时抄送执行地县级人民检察院和公安机关各一份。

（2）终止社区矫正通知书一式三份，一份存档，一份送社区矫正决定机关，一份送执行地县级人民检察院。

（3）存根和通知书应加盖骑缝章。

【样表6-7】

解除（终止）社区矫正通知书

（存根）

（　　）　字第　　号

社区矫正对象_____，男（女），___年_月_日出生，_____族，身份证号码_____，户籍地_____，执行地_____。因犯_____罪经_____人民法院于___年_月_日以_____号判决书判处_____。依据_____号判决书（裁定书、决定书），在管制（缓刑、假释、暂予监外执行）期间，被依法执行社区矫正。社区矫正期限自___年_月_日起至___年_月_日止。

___年_月_日矫正期满，依法解除社区矫正。（因_____，社区矫正终止。）

发往机关_____人民法院（公安局、监狱管理局）、_____人民检察院。

填发人：

批准人：

填发日期：　　年　月　日

解除（终止）社区矫正通知书

（　　）　字第　　号

_____人民法院（公安局、监狱管理局）：

社区矫正对象_____，男（女），___年_月_日出生，_____族，身份证号码_____，户籍地_____，执行地_____。因犯_____罪经_____人民法院于___年_月_日以_____号判决书判处_____。依据_____号判决书（裁定书、决定书），在管制（缓刑、假释、暂予监外执行）期间，被依法执行社区矫正。社区矫正期限自___年_月_日起至___年_月_日止。

___年_月_日矫正期满，依法解除社区矫正。（因_____，社区矫正终止。）

（公章）

年　月　日

注：抄送_____人民检察院，_____公安（分）局。

【课堂活动 6 – 4】

请思考并讨论，如何做好社区矫正和安置帮教的衔接配合工作？

任务 4.2 解除（终止）社区矫正通知书的撰写

请以【案例 6 – 2】为材料，制作对李某的《解除社区矫正通知书》，实例如【样表 6 – 8】：

【样表 6 – 8】

解除社区矫正通知书

（存根）

（2021）L 矫解通字第××号

社区矫正对象<u>李某</u>，女，<u>1963</u>年<u>3</u>月<u>1</u>日出生，<u>汉族</u>，身份证号码×××××××× ××××××××××，居住地<u>H 省 L 县</u>，户籍地<u>H 省 L 县</u>。因犯<u>销售有害食品罪</u>于<u>2020</u>年 <u>12</u>月<u>18</u>日被<u>L 县人民法院</u>判处<u>有期徒刑八个月，缓刑一年，并处罚金人民币 2000 元</u>。依据<u>L 县人民法院(2020)××刑初××号</u>判决书，在缓刑期间，依法实行社区矫正。 社区矫正期限自<u>2020</u>年<u>12</u>月<u>31</u>日起至<u>2021</u>年<u>12</u>月<u>30</u>日止。

<u>2021</u>年<u>12</u>月<u>30</u>日矫正期满，依法解除社区矫正。

发往机关<u>L 县人民法院、L 县公安局、L 县人民检察院</u>。

填发人：×××

批准人：×××

填发日期：2021 年 12 月 30 日

解除社区矫正通知书

（2021）L 矫解通字第××号

<u>L 县人民法院</u>：

社区矫正对象<u>李某</u>，女，<u>1963</u>年<u>3</u>月<u>1</u>日出生，<u>汉族</u>，身份证号码×××××××× ××××××××××，居住地<u>H 省 L 县</u>，户籍地<u>H 省 L 县</u>。因犯<u>销售有害食品罪</u>于<u>2020</u>年

---

12 月 18 日被 L 县人民法院判处<u>有期徒刑八个月，缓刑一年，并处罚金人民币 2000 元。</u>依据 L 县人民法院<u>(2020) ×× 刑初 ××</u> 号判决书，在缓刑期间，依法实行社区矫正。社区矫正期限自 <u>2020</u> 年 <u>12</u> 月 <u>31</u> 日起至 <u>2021</u> 年 <u>12</u> 月 <u>30</u> 日止。<u>2021</u> 年 <u>12</u> 月 <u>30</u> 日矫正期满，依法解除社区矫正。

L 县社区矫正机构（公章）

2021 年 12 月 30 日

注：抄送 L 县人民检察院，L 县公安局。

【技能训练——实训项目】

李某某，男，1977 年 12 月出生，户籍地和居住地均为 A 省 B 市 J 区，因犯信用卡诈骗罪，被判处有期徒刑五年六个月，刑期自 2015 年 5 月 22 日至 2020 年 11 月 21 日，于 2015 年起在 S 市 ×× 监狱服刑。

2019 年 10 月 8 日，李某某因患"急性早幼粒细胞白血病（M3 型）疾病"，S 市 ×× 监狱提请对其暂予监外执行，依据《刑事诉讼法》第 265 条、《监狱法》第 25 条和《暂予监外执行规定》第 5 条之规定，S 市监狱管理局批准李某某于 2019 年 10 月 8 日起暂予监外执行，并出具《外省市保外就医罪犯转入我市服刑管理函》，委托 B 市 YY 监狱管理李某某的罪犯档案。李某某于 2019 年 10 月 8 日到 J 区司法局报到，司法局对其进行入矫宣告，由执行地司法所对其开展日常监管教育工作。

李某某于 2020 年 11 月 21 日暂予监外执行期间刑期届满，但因急性早幼粒细胞白血病复发，病情恶化，正在 J 区人民医院住院治疗。考虑到李某某仍在住院治疗，J 区司法局工作人员于解矫日当天上门办理解矫手续，并为其发放解除社区矫正证明书。

J 区司法局向社区矫正决定机关 S 市监狱管理局以及接受委托办理刑满释放手续的 B 市 YY 监狱进行书面通知，并邮寄李某某的解除社区矫正通知书，同时将解除社区矫正通知书抄送 B 市 J 区人民检察院和 B 市公安局 J 区分局。

2020 年 11 月 21 日，为李某某办理完解除社区矫正手续后，李某某的哥哥携带相关材料前往 B 市 YY 监狱代理办理刑满释放手续，办完后于当天到属地司法所报到，纳入安置帮教管理。

根据以上所给材料和所学知识，分别制作《社区矫正期满鉴定表》《解除社区矫正宣告书》《解除社区矫正证明书》以及《解除社区矫正通知书》。

【思考题】

1. 社区矫正对象矫正解除的工作流程分哪几个步骤？
2. 社区矫正对象矫正终止的工作流程分哪几个步骤？

拓展 阅读

浅析"特殊期间"解除矫正新规施行后的实务问题[1]

长期以来，对于社区矫正对象在被采取刑事强制措施或者被提请撤销缓刑、撤销假释、收监执行这一"特殊期间"矫正期满能否解除矫正，实务中观点不一，各地社区矫正机构莫衷一是，分歧在于对《社区矫正法实施办法》第53条第1款"没有应当撤销缓刑、撤销假释或者暂予监外执行收监执行情形"的解释。不久前，官方印发通知，统一执法适用，规定"特殊期间"矫正期满，如果相关部门尚未作出裁定或决定，应当解除矫正。亦即，官方的解释立场是，"第53条"规定的"情形"仅包括依法作出的撤销缓刑、撤销假释裁定及收监执行决定，不包括作出裁定或决定前的推断。这一解释立场契合刑事诉讼无罪推定原则，彰显了司法的文明与进步。

一、问题的提出：解除矫正与刑罚遗漏

依照规定，解除矫正之时，社区矫正机构应当向社区矫正对象发放《解除社区矫正证明书》，向决定机关及执行地检察机关、公安机关送达《解除社区矫正通知书》。一般认为，《解除社区矫正证明书》《解除社区矫正通知书》仅表示社区矫正机构已执行完毕决定机关确定的考验期或者刑期，并不具有刑法上的"原判刑罚不再执行"或者"原判刑罚执行完毕"意义。但在实务中曾发生这样的案例：一名社区矫正对象在缓刑考验期满后被撤销缓刑，但

---

〔1〕 张雨田："浅析'特殊期间'解除矫正新规施行后的实务问题"，社区矫正宣传网，http://www.chjzxc.com/index/index/page.html? id＝17706，最后访问时间：2022年10月15日。

未被及时收监执行，不久再次犯罪被抓获。公安机关调取其缓刑判决书及执行通知书，发现其再次犯罪是发生在缓刑考验期满之后，便认为不存在合并处理原判刑罚的问题，随之将案件移送检察院。检察院在审查案件中发现前罪缓刑已被撤销，意识到不能简单以再犯罪行为发生于缓刑考验期满后判定原判刑罚不必合并处理，对公安机关的做法予以纠正，要求公安机关今后在办理曾被宣告缓刑的嫌疑人案件时，必须调取《解除社区矫正证明书》或者《解除社区矫正通知书》，以此证明原判刑罚不必执行。笔者由此引发思考——某些案件可能在《解除社区矫正证明书》《解除社区矫正通知书》的"引导"下，遗漏应当并处的原判刑罚，罪犯因此"不当得利"，暂且不论社区矫正机构是否应为此担责，出于维护公平正义以及保障刑事诉讼的目的，有必要加以研究。鉴于新规施行不久，缺少足够的实证经验，本文以逻辑推理为主，结合实务经验，对此稍作粗浅分析，旨在未雨绸缪。

二、缓刑社区矫正对象在刑事强制措施期间解除矫正后的刑罚遗漏可能性

被采取刑事强制措施的缓刑社区矫正对象不必然属于应当撤销缓刑的罪犯，但高概率属于应当撤销缓刑的罪犯。随之而来的问题是，该类社区矫正对象在解除矫正后被裁定撤销缓刑，若未被及时收监执行，二次甚至再次犯罪，在异地单位办案，案件信息互通不及时的情况下，办案单位将《解除社区矫正证明书》或《解除社区矫正通知书》附卷，应当并处的原判刑罚可能遗漏。

例如：张三因犯交通肇事罪，被 A 地法院判处有期徒刑二年，宣告缓刑三年，缓刑考验期自 2018 年 1 月 2 日起，至 2021 年 1 月 1 日止，在 A 地接受矫正。2020 年 6 月 1 日，张三因涉嫌帮助信息网络犯罪活动罪（网络犯罪，由网络服务器所在地、被害人被侵害时所在地等地区的公安机关管辖），被外省的 B 地公安机关取保候审（严重疾病、疫情等原因未收押）。2021 年 1 月 1 日，张三帮助信息网络犯罪活动一案未结案，A 地社区矫正机构对其解除矫正，发放《解除社区矫正证明书》，并向 A 地"公检法"送达《解除社区矫正通知书》。2021 年 2 月 1 日，B 地法院对张三帮助信息网络犯罪活动一案宣判，撤销 A 地法院对张三宣告的缓刑，对其数罪并罚。但张三未被收监（判决后脱逃、严重疾病、疫情等原因未收监），B 地法院也未将判决书抄送 A 地法院与社区矫正机构。2021 年 3 月，张三在 A 地实施诈骗被 A 地公安机关抓

获并羁押。A地公安机关查询其前科情况，因省际案件信息互通不及时，仅查询到张三曾被A地法院宣告缓刑，未查询到张三在外省B地的案件情况，无从获知其缓刑已被撤销。随即，A地公安机关到A地社区矫正机构调取了张三的《解除社区矫正证明书》附卷（或者直接将A地社区矫正机构送达的《解除社区矫正通知书》附卷），以此证明张三的缓刑考验期满，原判刑罚无需执行。2021年9月，A地法院对张三诈骗一案宣判，仅对其诈骗犯罪行为判处了刑罚，遗漏了应当并处的交通肇事罪与帮助信息网络犯罪活动罪数罪并罚的刑罚。张三在A地被收押后，B地法院查找不到其下落，故B地法院对其判处的刑罚未执行。即便最终发现了刑罚遗漏的问题，A地法院的判决也很可能被撤销，导致浪费司法资源。

三、在提请撤销缓刑期间解除矫正后的刑罚遗漏可能性

同样，被提请撤销缓刑的社区矫正对象不必然属于应当撤销缓刑的罪犯，但高概率属于应当撤销缓刑的罪犯。该类社区矫正对象在解除矫正后被裁定撤销缓刑，若未被及时收监执行，再次犯罪，办案单位将《解除社区矫正证明书》或《解除社区矫正通知书》附卷，应当并处的原判刑罚遗漏的概率较之前文列举的情形更高。

例如：张三因犯交通肇事罪，被A地法院判处有期徒刑二年，宣告缓刑三年，缓刑考验期自2018年1月2日起，至2021年1月1日止，在A地接受矫正。张三在缓刑考验期内违反法律，情节严重，A地社区矫正机构于2020年12月20日向A地法院提请对其撤销缓刑。2021年1月1日，A地法院尚未作出裁定，A地社区矫正机构对其解除矫正，发放《解除社区矫正证明书》，并向A地"公检法"送达《解除社区矫正通知书》。2021年1月18日，A地法院裁定撤销对张三宣告的缓刑。但张三未被收监（脱逃、严重疾病、疫情等原因未收监）。2021年3月，张三因涉嫌帮助信息网络犯罪活动罪（网络犯罪，由网络服务器所在地、被害人被侵害时所在地等地区的公安机关管辖），被外省的B地公安机关抓获并羁押。B地公安机关调查发现张三曾被宣告缓刑，随即到A地社区矫正机构调取了张三的《解除社区矫正证明书》附卷，以此证明张三的缓刑考验期满，原判刑罚无需执行。A地社区矫正机构因工作人员更替，不了解张三解矫后被撤销缓刑的情况，未告知B地公安

机关该情况。若 B 地公安机关到 A 地法院调取张三交通肇事罪的判决书和执行通知书，便可能掌握其被撤销缓刑的情况，但 B 地公安机关为图简便，未到 A 地法院调取，而是向 A 地社区矫正机构一并调取（这也是实务中常见的现象）。2021 年 8 月，B 地法院对张三帮助信息网络犯罪活动一案宣判，仅对其帮助信息网络犯罪活动的犯罪行为判处了刑罚，遗漏了原本应当并处的交通肇事罪的原判刑罚。张三在 B 地被收押后，A 地法院查找不到其下落，故 A 地法院对其决定收监执行的原判刑罚未执行。与前文所列举的情形一样，即便最终发现了刑罚遗漏的问题，B 地法院的判决也很可能被撤销。

四、暂予监外执行社区矫正对象刑期计算的特殊性与解除矫正后的刑罚遗漏可能性

前文分析了缓刑社区矫正对象在"特殊期间"解除矫正后刑罚遗漏的可能性。假释社区矫正对象的原理与之相同，不再赘述。管制社区矫正对象在刑事强制措施期间解除矫正是否存在余刑，可比照暂予监外执行社区矫正对象相关情形的处理意见予以分析，笔者将在后文中论述。暂予监外执行社区矫正对象的刑期计算有其特殊性，解除矫正的条件也有别于其他类别对象，相关实务问题应当引起注意。

第一，暂予监外执行社区矫正对象在刑事强制措施期间刑期届满，在法院视角下并不意味原判刑罚已执行完毕。有期徒刑的期限与缓刑、假释考验期不同，一般情况下，期限届满即刑罚执行完毕，此时社区矫正机构制发《解除社区矫正证明书》《解除社区矫正通知书》，似乎不存在余刑问题。但依照最高法指导案例观点，罪犯在暂予监外执行期间犯新罪，说明其已出现应当收监执行的情形，故应当以抓获时间作为前罪刑期中断的界点计算其前罪的剩余刑期，法院不应依据社区矫正机构出具的《解除社区矫正证明书》认定暂予监外执行罪犯已服满刑期[1]。换言之，暂予监外执行社区矫正对象被采取强制措施后，刑期中断计算，即便社区矫正机构制发《解除社区矫正证明书》，该社区矫正对象仍有余刑。因此，此类社区矫正对象被解除矫正

---

〔1〕 参见中华人民共和国最高人民法院刑事审判第一、二、三、四、五庭主办：《刑事审判参考》总第 103 集，法律出版社 2016 年版，第 75～80 页

后，因其身体情况特殊，未被收监执行的概率较缓刑、假释罪犯更高，若二次再犯罪，也存在前文所述的刑罚遗漏可能性。

第二，因脱管和暂予监外执行情形消失被决定收监执行的社区矫正对象，在被提请收监执行期间矫正期满，应当认为仍有余刑。依据《刑事诉讼法》第268条第3款的规定，罪犯在暂予监外执行期间脱逃的，脱逃的期间不计入执行刑期。因此，社区矫正机构对脱管的暂予监外执行社区矫正对象提请收监执行（此处还应注意，对脱管的暂予监外执行社区矫正对象收监执行的条件，与缓刑、假释社区矫正对象不同，即对脱管时间并无规定且不要求脱管对象到案），决定机关未在其矫正期满前作出决定，社区矫正机构对其解除矫正，脱管的期间即余刑。若其矫正期满后未被收监执行，再次犯罪，应当将余刑并罚，自然不能以《解除社区矫正证明书》作为前罪刑罚已执行完毕的依据，否则将遗漏刑罚。社区矫正对象因怀孕、严重疾病、生活不能自理等暂予监外执行情形消失被决定收监执行，已执行的刑期应当从发现或应当发现暂予监外执行情形消失之日起停止计算，唯此才符合刑罚执行的公平正义要求。同理，此类社区矫正对象在被提请收监执行期间矫正期满，解除矫正后未被收监执行，再次犯罪，也存在刑罚遗漏可能性。

第三，暂予监外执行期限届满，刑期未满，不应解除矫正。实践中，大多决定机关以哺乳期（一般以分娩后1年为期限，此期限也值得探讨）作为哺乳自己婴儿的暂予监外执行社区矫正对象的暂予监外执行期限，有的决定机关仍以"一年一批"的方式决定保外就医的暂予监外执行社区矫正对象的暂予监外执行期限，由此产生了暂予监外执行期限不等同于刑期的现象。而在社区矫正实务中，早期曾有地方规范性文件规定，决定机关确定的暂予监外执行期限即暂予监外执行社区矫正对象的矫正期限。于是，部分工作人员认为暂予监外执行期限届满，就应当解除矫正。这种观点显然是错误的。如前文所述，所谓解除矫正的语义是，社区矫正机构认为已依法执行完毕决定机关确定的考验期或者刑期。因此，对于暂予监外执行社区矫正对象，只有在暂予监外执行期间刑期届满，才符合解除矫正的条件[1]。

---

[1] 参见王爱立、姜爱东主编：《中华人民共和国社区矫正法释义》，中国民主法制出版社2020年版，第223页

对于上述第三点的暂予监外执行社区矫正对象，若暂予监外执行期满，同时暂予监外执行情形消失（例如将哺乳期作为暂予监外执行期限），应当提请收监执行。但是，若暂予监外执行期满，暂予监外执行情形未消失（例如"一年一批"，一年期满，决定机关未作出决定，罪犯病情也无变化），此时该如何处理？这或许是新规施行后，仅剩的一种不应解除矫正，也不应提请收监执行，同时也没有"终止矫正""中止矫正"条文可依照执行的情形。此外，大体可以明确的是，社区矫正对象在被行政拘留、司法拘留、强制隔离戒毒期间矫正期满，若认为不符合撤销缓刑、撤销假释、收监执行的条件，依据"举重以明轻"的当然解释理由，对新规中的"刑事强制措施期间"做有利于行为人的类推解释[1]，可以适用新规解除矫正。多年前，笔者曾在实务中遇到管制社区矫正对象在被强制隔离戒毒期间管制期限届满的案例，经向上级部门请示，并与决定机关沟通，未能求得解决方案。笔者认为，新规施行后，该种情形理应解除矫正并且不存在余刑。理由是，最高法指导案例认为暂予监外执行社区矫正对象被采取强制措施后矫正期满存在余刑的原因是暂予监外执行属于刑罚变更执行，可以收监执行余刑。而管制刑不具备这一特性，管制期满只能认定为刑期届满，亦即对《刑法》第40条规定的"管制期满……解除管制"没有更多的解释空间。此为题外话之一。

关于上述第三点，实务中有这样的案例：社区矫正工作人员因对暂予监外执行社区矫正对象解除矫正的条件理解有误，误对暂予监外执行期限届满而刑期未满的社区矫正对象解除矫正，该社区矫正对象解矫后再犯罪，社区矫正工作人员因此被追究刑责。笔者认为，根据刑法学通说观点，应当区分玩忽职守与工作失误的界限，虽然该工作人员工作存在较大失误，但原因在于业务不熟、规定不明、理解偏差，主观上没有犯罪的过失，不符合玩忽职守罪的主观构成要件，对一般工作失误行为给予党政纪处分即可。

五、问题的对策：必要措施与预防漏洞

要避免《解除社区矫正证明书》《解除社区矫正通知书》产生"误导"

---

〔1〕　参照《最高人民法院关于处理自首和立功若干具体问题的意见》将强制措施期间解释为包括被行政拘留、司法拘留、强制隔离戒毒期间的观点

效果，可行的措施并不复杂。

从社区矫正机构的角度来讲。对于在被采取刑事强制措施期间解除矫正的社区矫正对象，可在《解除社区矫正证明书》《解除社区矫正通知书》上备注采取刑事强制措施的种类、时间及办案单位，提示办理社区矫正对象再犯罪案件的单位其可能有未执行的刑罚以及向何单位调取相关法律文书。对于在被提请撤销缓刑、撤销假释、收监执行期间矫正期满的社区矫正对象，可在《解除社区矫正证明书》《解除社区矫正通知书》上备注提请的事由及向何单位提请，以起到同样的提示作用。对于上述两类社区矫正对象，都可以采取的办法是，在档案封面上简要备注"特殊期间"解除矫正的情况，并设置"非正常解矫"档案专柜，将其与其他"正常解矫"的档案分开存放，以备将来调档时加以区分；另一个可以探讨的措施是，能否在收到决定机关的撤销缓刑、撤销假释、收监执行法律文书后，将文书增补入档，撤销先前制发的《解除社区矫正证明书》《解除社区矫正通知书》，及时制发《终止社区矫正通知书》，从而准确告知办案单位该社区矫正对象存在未执行的刑罚。

从公安机关和法院的角度来说，若被裁定撤销缓刑、裁定撤销假释、决定收监执行的社区矫正对象在逃，公安机关应当及时对其采取上网追逃措施，如此一来，无论何地公安机关将其抓获都能够及时掌握未执行的刑罚情况。非原审的法院对社区矫正对象作出撤销缓刑、撤销假释的裁定和收监执行的决定后，应当依法及时将相关法律文书送达原审法院，此举可以避免在原审法院审理社区矫正对象再犯罪案件的情况下遗漏未执行的刑罚。

参考文献

著作类：

1. 张建明、吴艳华主编：《社区矫正实务》，中国政法大学出版社 2021年版。

2. 张大立、李芳主编：《社区矫正文书制作与使用》，中国政法大学出版社 2015 年版。

3. 芦麦芳主编：《社区矫正教育》，法律出版社 2016 年版。

4. 卜增智、邹屹峰主编：《社区矫正执法文书的制作与应用》，中国法制出版社 2022 年版。

5. 周健宇：《社区矫正人员教育帮扶体系比较研究》，法律出版社 2020年版。

6. 王顺安主编：《社区矫正法治研究》，中国政法大学出版社 2021 年版。

7. 肖乾利、熊启然：《社区矫正基本问题研究》，法律出版社 2022 年版。

8. 连春亮主编：《社区矫正理论与实务》，法律出版社 2015 年版。

9. 刘强主编：《各国（地区）社区矫正法规选编及评价》，中国人民公安大学出版社 2004 年版。

10. 吴宗宪主编：《社区矫正导论》，中国人民大学出版社 2020 年版。

11. 司法部：《中华人民共和国司法行政行业标准：社区矫正术语》（SF/T0055 – 2019）。

12. 王爱立、姜爱东主编：《中华人民共和国社区矫正法释义》，中国民主法制出版社 2020 年版。

13. 周娟等编著：《社区矫正对象警示教育》，中国人民大学出版社 2021年版。

14. 司法部预防犯罪研究所主编：《社区矫正前沿（2021）》，中国法制出版社 2022 年版。

15. 吴丙林、裴玉良主编：《监狱文书制作原理与实务》，中国市场出版社 2012 年版。

16. 严庆芳主编：《监狱执法文书制作》，中国政法大学出版社 2020年版。

期刊类：

1. 范振京："探索社区矫正'心'经"，载《人民调解》2022 年第 2 期。

2. 朱家佑："社区矫正'人到文书未到'情形怎样处理"，载《检察日报》2019 年 11 月 15 日，第 3 版。

3. 钟达先、隗永贵、于柏枝："《社区矫正法》实施后的社会调查评估实践分析及制度研究"，载《北京政法职业学院学报》2022 年第 2 期。

4. "司法部发布社区矫正工作指导案例"，载《中国司法》2022 年第6 期。

5. 乔新月："《河北省高质量实施〈社区矫正法〉的实践与思考》"，载《中国司法》2022 年第 5 期。

6. 于阳、张帅昌："天津市社区矫正工作规范化法治保障研究"，载《警学研究》2022 年第 2 期。

7. 王黎黎、苏照桓："我国社区矫正风险评估机制的困境与完善——基于美国明尼苏达州社区矫正风险评估机制的比较分析"，载《宜宾学院学报》2022 年第 3 期。

8. 廖炜："我国社区矫正面临的问题及法律规制研究——评《中华人民共和国社区矫正法解读》"，载《中国油脂》2021 年第 9 期。